INTÉGRATION FINANCIÈRE
ET DÉVELOPPEMENT EN AFRIQUE

Collection « Études africaines »

dirigée par Denis Pryen et son équipe

Forte de plus de mille titres publiés à ce jour, la collection « Études africaines » fait peau neuve. Elle présentera toujours les essais généraux qui ont fait son succès, mais se déclinera désormais également par séries thématiques : droit, économie, politique, sociologie, etc.

Dernières parutions

Moustapha SOUMAHORO (dir.), *Agriculture, pêche et développement local en Afrique subsaharienne*, 2021.

Simon NGONO, *Médias audiovisuels et tolérance administrative au Cameroun. Enjeux communicationnels et logique d'acteur*, 2021.

Phidias AHADI SENGE MILEMBA, *Mouvements citoyens africains. Creuset de l'éveil civique et briseurs de l'ordre néolibéral ?*, 2021.

Jean-Michel TCHITEMBO, *Communication traditionnelle et moderne pour un objectif commun, L'exemple du peuple vili au Congo-Brazzaville*, 2021

Alain Georges BESSALA, *Sécurité d'approvisionnement et énergies renouvelables en droit camerounais. Recherches sur les mécanismes de diversification du parc énergétique*, 2021.

Mamadou Diarafa DIALLO, *État et territoire(s) au Sahel. Entre contrôle, compétition et coopération : le cas du Mali*, 2021.

Abdourahamane Oumarou LY, *L'accès à la justice au Niger, L'autoreprésentation devant les juridictions*, 2021.

Diensia Oris-Armel BONHOULOU, *La succession du président Félix Houphouët-Boigny et la crise ivoirienne*, 2021.

Bakary DRAMÉ, *Droit comparé de la commande publique au sein de l'UEMOA, Étude des droits des marchés publics du Burkina Faso, de la Côte d'Ivoire, du Mali et du Sénégal*, 2021.

Armel Habib SANDIO KAMGA, *La responsabilité des agents de l'administration en droit camerounais. Une responsabilité plurielle*, 2021.

Hugues Mbadinga Madiya

Intégration financière et développement en Afrique

La CEMAC à la croisée des chemins

Préface de Patrick Sevaistre

L'Harmattan

5-7, rue de l'École-Polytechnique, 75005 Paris

http://www.editions-harmattan.fr

ISBN : 978-2-343-23485-4
EAN : 9782343234854

DÉDICACE

À mon épouse Arlette MBADINGA MADIYA pour sa présence, ses encouragements et son appui constant, de même que ses conseils avisés.

SOMMAIRE

PREFACE..17

INTRODUCTION 23

PREMIÈRE PARTIE : MISE EN LUMIÈRE AU PLAN THÉORIQUE ET PRATIQUE LES GRANDS DÉBATS SUR L'INTÉGRATION FINANCIÈRE ET LA CROISSANCE ÉCONOMIQUE.

CHAPITRE PREMIER 29

la relation positive entre développement financier et croissance. 29

Au plan théorique : Mise en lumière de la relation positive entre développement financier et croissance 31

CHAPITRE DEUXIÈME 35

l'intégration financière est un moyen pour renforcer le développement économique. 35

Au plan pratique : l'intégration financière est un moyen pour renforcer le développement économique..............................37

DEUXIÈME PARTIE : ETAT DES LIEUX DE L'INTEGRATION FINANCIERE DANS LES TROIS COMMUNAUTES ECONOMIQUES REGIONALES.

CHAPITRE PREMIER 43

L'espace CEMAC : un tigre en papier ?..............................43

L'espace CEMAC : un tigre en papier ?..............................45

Les institutions de la CEMAC 47

CHAPITRE DEUXIEME 49

Les Forces...51

Les Faiblesses..61

Les opportunités 67

Les risques...71

TROISIEME PARTIE : LES LEÇONS APPRISES DES AUTRES MODÈLES D'INTÉGRATION.

CHAPITRE PREMIER 77

Le modèle de l'union européenne : une démarche planifiée d'intégration économique puis monétaire et financière........77

Le modèle de l'union européenne : une démarche planifiée d'intégration économique puis monétaire et financière........79

CHAPITRE DEUXIEME 81

Le modèle d'Asie du Sud-Est : malgré des performances économiques colossales, une nécessité de renforcer l'intégration et la coopération financière régionale 81

Le modèle d'Asie du Sud-Est : malgré des performances économiques colossales, une nécessité de renforcer l'intégration et la coopération financière régionale 83

CHAPITRE TROISIEME 87

L'exemple marocain : entre stratégie, bonne gouvernance et expertise financière, le rêve d'une city à africaine 87

L'exemple marocain : entre stratégie, bonne gouvernance et expertise financière, le rêve d'une city africaine 89

CHAPITRE QUATRIEME 91

Le cas de l'Afrique de l'Ouest (UEMOA) : le paradoxe des deux zones sœurs...91

Le cas de l'Afrique de l'Ouest (UEMOA) : le paradoxe des deux zones sœurs 93

QUATRIEME PARTIE : MISE EN PLACE D'UN PLAN DE DÉVELOPPEMENT DES SERVICES FINANCIERS AU SEIN DE LA CEMAC.

CHAPITRE PREMIER 99

Redynamiser l'intégration économique 99

CHAPITRE DEUXIEME 103

Réformer en profondeur le marché financier......................103

CHAPITRE TROISIEME 115

Redynamiser le secteur bancaire 115

CHAPITRE QUATRIEME 119

Dynamiser le secteur des assurances 119

CHAPITRE CINQUIEME 123

Accroitre la stabilité de la zone et combattre les risques....123

CHAPITRE SIXIEME 127

Améliorer la Gouvernance des États de la zone CEMAC..127

CONCLUSION 131

BIBLIOGRAPHIE 133

ANNEXES 139

DISCOURS-PROGRAMME DU PRESIDENT DE LA COMMISSION DE LA CEMAC A MALABO, LE 02 MARS 2018 143

« La seule voie capable de rendre effective l'intégration de l'Afrique centrale est celle favorisant la construction d'une communauté de destin solidaire pour les peuples de notre région. »

Ali BONGO ONDIMBA

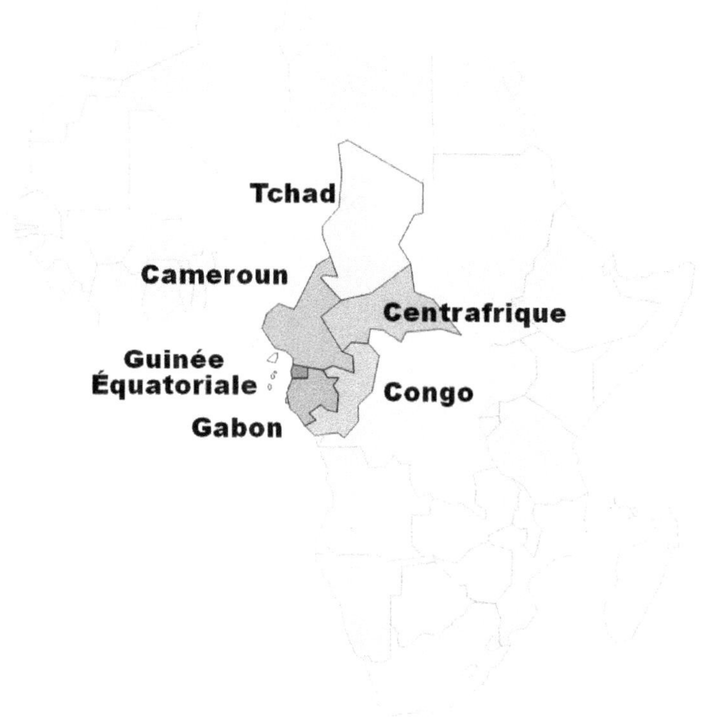

Carte de la Communauté Économique et Monétaire de l'Afrique Centrale (CEMAC)

PRÉFACE

Le processus d'intégration régionale en Afrique, bien qu'engagé partout sous des formes plus ou moins avancées, suscite aujourd'hui de vrais questionnements. D'un côté, les discours enflammés du passé sur la volonté affirmée de sortir de la « balkanisation » et de la « poussière d'États » semblent aujourd'hui s'émousser dans une grande partie du continent. Moins présente dans les débats politiques des États, son évocation tend même à résonner comme un simple slogan aux yeux d'une jeunesse désenchantée par des promesses non tenues.

À l'opposé, certaines voix s'élèvent pour réclamer l'urgence d'une intégration moins institutionnelle et plus effective, indispensable selon eux tant l'échelon national se révèle insuffisant pour relever les graves défis auxquels l'Afrique est soumise. Jusqu'à présent, les actions d'intégration sont restées focalisées sur une approche englobante et normative. Or, on le sait, seule une approche pragmatique reposant sur la connaissance des réalités économiques et sur l'identification des intérêts communs des membres de sous-espaces viables a des chances de réussir et d'aboutir progressivement au grand projet de Zone de Libre Échange Continentale (ZLEC). Un chantier majeur qui s'inscrit dans le long terme et qui passe nécessairement par la consolidation puis par la synchronisation des blocs régionaux existants.

Ce constat est celui que fait Hughes MBADINGA MADIYA et il faut le remercier de nous livrer dans les pages qui suivent une mise en perspective stimulante et pragmatique sur l'intégration financière en Afrique Centrale. Il avait déjà traité du thème de l'intégration dans le cadre de son Master « *Politique et management du Développement* » à Sciences Po. Dans son mémoire, parmi les mieux notés de la promotion 2016-2017, il avait en effet démontré que, parallèlement au processus de mondialisation, l'intégration régionale demeure la stratégie clé qui permettra aux pays d'Afrique Centrale d'accélérer la transformation de leurs économies fragmentées, d'élargir leurs marchés, d'étendre l'espace économique continental et de cueillir les fruits des économies d'échelle.

Il affine cette fois l'analyse en recentrant son propos sur la CEMAC et met l'accent sur l'intégration dans le secteur financier en estimant, avec une vision plus stratégique soutenue par l'objectif de transformer la région en force politique et économique, que les économies d'échelle au niveau des marchés financiers contribuent à accélérer la croissance et la réduction de la pauvreté.

Ce travail vient à point et il cumule au moins deux vertus,

La première est de faire la part du vrai et du faux, du simplifié et du déformé, sur la question de l'intégration dans la Zone CEMAC. À distance, on pourrait penser que réalisations de cette organisation sont mitigées, maigres ou invisibles. Et pourtant que d'efforts fournis, que des projets

réalisés ou en cours de l'être ! Contrairement aux idées reçues, il y a une vision commune à long terme de l'avenir à construire dans la région. Cette vision, matérialisée sous forme d'un Programme Économique Régional (PER), est partagée par les pays de l'espace CEMAC, dont le Gabon, aux avant-postes de la réforme et dont le secteur privé ne cesse de répéter que l'intégration régionale n'est plus un objectif, mais une réalité à parfaire.
Au plan financier, disons-le, l'existence d'un cadre institutionnel exhaustif et cohérent, avec une monnaie unique, une banque centrale et des institutions communes de supervision du système financier, n'a pas jusqu'ici conduit à une intégration financière profonde au sein de la CEMAC. D'importants progrès sont néanmoins intervenus dans le cadre de la réglementation et du contrôle du système bancaire et des établissements financiers pour promouvoir le développement d'un système financier sous-régional intégré et concurrentiel.

En second lieu, si l'auteur sait nous convaincre à travers de nombreux exemples que l'intégration financière est une extraordinaire opportunité pour le développement de l'Afrique centrale, il ne masque pas les difficultés et le chemin à parcourir. En plaidant avec force et pertinence sur la nécessité pour la région de tracer sa propre voie, il formule à cet effet une série de propositions concrètes et pertinentes visant à renforcer le système financier de la sous-région et son intégration, notamment le développement des marchés régionaux des valeurs mobilières, la supervision des marchés financiers et des marchés d'assurance ou encore la promotion de l'intermédiation financière ainsi que la réduction du coût du crédit et l'amélioration de l'infrastructure financière.

On l'aura compris, ce livre nous parle du futur qui, on le voit, ne manque pas d'avenir dans cette région et il sait éviter l'écueil d'une vision extatique. À ce titre, ce livre est une aide précieuse pour celles et ceux désireux de comprendre les défis et les mutations en cours dans la région et d'y prendre part, car cette région, à n'en pas douter, est le lieu géographique du futur du continent et tout le monde a intérêt à ce qu'elle se construise.

S'il n'y avait qu'une seule recommandation à tirer aujourd'hui de cet ouvrage, ce serait celle de l'action. La prise de conscience est là, la volonté politique existe et les projets ne manquent pas. Reste à prendre confiance en s'appuyant sur les militants de l'intégration régionale, ces acteurs de qualité qui possèdent désormais ces profils très particuliers, alliant expertise technique, métier et réseaux politiques dont l'alliage est essentiel. Ils peuvent faire une immense différence, en suscitant la confiance des gouvernements et en plaidant la cause de l'intégration régionale devant les publics concernés.

Ils peuvent aider les leaders nationaux à traduire des projets techniquement complexes en objectifs politiquement audibles. Mais ils doivent aussi bénéficier du soutien des pays membres et des partenaires internationaux. C'est ainsi qu'ils pourront continuer leur tâche de « catalyseurs d'intégration » pour permettre à l'Afrique Centrale de trouver dans la globalisation une voie à la mesure de son potentiel.

Patrick SEVAISTRE

Président de la Commission « Institutions européennes » du Conseil Français des Investisseurs en Afrique (CIAN)
Membre du Comité pédagogique du Master « Politiques et Management du Développement » de Sciences Po
Membre de l'Académie des Sciences d'Outre-Mer

Paris, mai 2020

INTRODUCTION

L'intégration africaine est un projet ancien. Les premières tentatives d'organisation de l'intégration naissent au lendemain des indépendances avec la création de l'Organisation de l'Union Africaine (OUA) en 1963, devenue en 2002 au sommet de Durban l'Union Africaine.

Dans cette même perspective, 51 Chefs d'États et de Gouvernements ont adopté en 1991 dans le cadre du Traité d'Abuja, une feuille de route devant les conduire vers l'édification d'une communauté économique africaine à l'horizon 2028, à la fois marché commun et union économique et monétaire. Selon cette stratégie, la mise en place du marché commun devait résulter de deux stratégies complémentaires : la création d'organes continentaux chargés de gérer la monnaie, financer le développement ou s'assurer de la garantie des paiements internationaux, et d'autre part, favoriser l'intégration économique, financière et monétaire au niveau des blocs régionaux à travers la mise en commun des marchés sous régionaux et l'harmonisation des réglementations.

Mais la construction d'une union économique et monétaire suppose que ces pays seraient passés par une réelle intégration financière, laquelle est une composante de l'intégration économique. Pour Samuel GUERINEAU et Luc JACOLIN (Banque de France), l'intégration financière est un processus de renforcement des interactions entre systèmes financiers nationaux, intervenant tant au niveau global que régional. Pour notre part, nous nous bornerons à la dimension régionale de l'intégration, en mettant de côté les questions liées à la globalisation financière, qui pourraient donner lieu à d'autres développements.

Ainsi, nous pourrons retenir que l'intégration financière est un processus dans lequel les opérations financières s'harmonisent et se développent entre les pays d'une même zone. Ces opérations financières comprennent à la fois les marchés financiers, les marchés des assurances, les opérations bancaires et les opérations monétaires.

L'intérêt d'examiner les enjeux et défis de l'intégration financière en Afrique est double. D'abord, sur un plan strictement théorique, plusieurs économistes de renom à l'image de PAGANO (1993) et LEVINE (2005) ont établi un lien positif entre développement économique et l'intégration financière, du fait que cette dernière permet une meilleure allocation de l'épargne et du crédit en faveur des investissements. De même, elle permet de baisser les coûts de transaction et d'améliorer l'offre de fonds prêtables.

Ensuite, au niveau pratique, cette question fait l'objet de nombreuses études dans les institutions de développement telles que la Banque mondiale ou la Banque africaine de développement ou même dans les réflexions menées par les Gouvernements. Elles soulignent une relation positive entre le développement du secteur financier et la croissance.

De surcroît, un tel sujet est intéressant du point de vue de l'Afrique, justement parce que ce continent a toujours fait l'objet d'un certain isolement au plan financier, ou pour parler comme McKinnon, d'une répression financière. Pire encore, beaucoup de pays africains apparaissent même parfois comme des investisseurs nets pour le reste du monde (cas des pays de la CEMAC), ce qui renforce l'intérêt de l'Afrique de créer et développer de grands marchés financiers, de manière à se rendre autonome par rapport aux financements extérieurs tels que l'APD dont les conditionnalités peuvent parfois être sujettes à caution.

Dans ce vaste mouvement de développement de ce qu'on peut appeler la finance africaine, le cas des pays de la CEMAC peut paraître assez singulier. En effet, la CEMAC est constituée principalement de pays pétroliers (cinq sur six à l'exception de la RCA). Les pays de la CEMAC bénéficient par conséquent d'une épargne à court terme abondante. Les banques y sont sur liquides, et il y existe des potentialités économiques très importantes du fait d'une dotation en ressources naturelles assez exceptionnelle. De même, d'un point de vue institutionnel, le processus d'intégration est assez élaboré sur le plan juridique. Les pays disposent d'une monnaie unique, le FCFA, d'un espace économique garanti par un tarif extérieur commun et de nombreuses autres institutions régionales.

Or, malgré ces atouts, la CEMAC reste très en retrait en matière d'intégration financière, y compris quand on la compare avec les pays de l'UEMOA avec lesquels elles sont dans le même espace monétaire, la zone FRANC. Il nous a paru à partir de cet instant opportun de se demander pourquoi les États de la CEMAC réussissent moins bien que les autres régions, et quelles mesures correctives pourraient éventuellement être apportées.

Pour y répondre, il nous a paru nécessaire d'aborder successivement les points suivants : (i) développement financier et croissance économique, quelles évidences au plan théorique et pratique ? ; (ii) l'intégration financière en Afrique Centrale : où en sommes-nous ? ; (iii) les leçons apprises de l'expérience des autres processus d'intégration ; (iv) recommandations clés pour accélérer l'intégration financière en zone CEMAC.

PREMIÈRE PARTIE

DÉVELOPPEMENT FINANCIER ET CROISSANCE ÉCONOMIQUE : QUELLES ÉVIDENCES AU PLAN THÉORIQUE ET PRATIQUE ?

MISE EN LUMIÈRE AU PLAN THÉORIQUE ET PRATIQUE LES GRANDS DÉBATS SUR L'INTÉGRATION FINANCIÈRE ET LA CROISSANCE ÉCONOMIQUE.

CHAPITRE PREMIER

La relation positive entre développement financier et croissance.

AU PLAN THÉORIQUE : MISE EN LUMIÈRE DE LA RELATION POSITIVE ENTRE DÉVELOPPEMENT FINANCIER ET CROISSANCE

Au plan théorique, il faut noter que le rôle de la finance dans l'économie semble avoir été pendant longtemps ignoré par les économistes. Nous devons à Joseph Alois SCHUMPETER, les premiers travaux soulignant l'importance des banquiers qu'il juge indispensables dans sa théorie de l'innovation.

Plus tard avec SOLOW, nous apprenons que le capital, et par extension la finance sont des facteurs endogènes du développement, à l'image du facteur travail ; mais son modèle ne donne pas explicitement les interactions entre le capital et le revenu, autre que l'utilité marginale du capital.

Pierre Jacquet et Jean Paul POLLIN soulignent à juste titre dans leur article sur les systèmes financiers et la croissance, paru dans la revue d'économie financière, qu'il a fallu attendre le milieu du XXe siècle pour qu'il y ait un réel intérêt des économistes pour les systèmes financiers. Il faut peut-être y voir les effets de la première révolution industrielle, et la mise en place du système de l'étalon or, à mesure que les économistes prennent conscience de l'importance de la finance dans l'économie.

Ainsi, GURLEY et SHAW (1955), suivis par GOLDSMITH (1969), mettent en lumière une relation significative entre les intermédiaires financiers et la croissance. Puis Ronald McKINNON (1973) et Edward SHAW (1973) soulignent l'effet négatif de la répression financière — plafonnement des taux d'intérêt, politique d'allocation sélective du crédit, protectionnisme financier — qui réduit la formation de capital, biaise les choix techniques au détriment des activités intensives en main-d'œuvre et conduit à des investissements intensifs en capital et de piètres qualités.

Depuis le début des années 80, on assiste à un regain d'intérêt des marchés financiers, à la faveur de plusieurs réformes prises au niveau international : la libéralisation des mouvements de capitaux, l'harmonisation du système de change, le renforcement de la réglementation, la libéralisation et la globalisation des échanges, etc.

Ce sont les travaux de modélisation de la croissance endogène, menés de manière soutenue dans les années 90 qui ont permis de préciser la relation entre le développement financier et la croissance et d'en approfondir la compréhension.

À ce titre, les travaux de Giuseppe PAGANO (1993), prenant pour base le modèle de croissance endogène, soulignent le lien entre la croissance économique et le secteur financier par le biais de l'accumulation du capital. Pour PAGANO, le système financier influence la croissance à travers les moyens ci-après :

✓ par sa capacité d'un pays à sélectionner les projets d'investissement, il agit sur la productivité du capital ;

✓ par le niveau plus ou moins élevé de ses coûts de fonctionnement, il conditionne le niveau d'épargne mis à disposition de l'investissement ;

- ✓ par sa capacité à offrir des placements attractifs c'est-à-dire bien rémunérés, présentant une bonne diversification des risques.

Ross LEVINE (2005), quant à lui, met l'accent sur les variables qui sous-tendent ces relations. Il démontre ainsi le rôle de la qualité des services financiers fournis aux utilisateurs, et qui met en jeu le traitement de l'information et la baisse des coûts des transactions. Il définit enfin cinq fonctions majeures que doit remplir un système financier pour être efficace, à savoir :

- ✓ la facilitation des échanges de biens et de services ;
- ✓ la mobilisation et la collecte de l'épargne ;
- ✓ la production d'information sur les investissements envisageables et l'allocation de l'épargne ;
- ✓ la répartition, la diversification et la gestion du risque ;
- ✓ le suivi des investissements en exécution et le contrôle de la gouvernance.

On peut retenir que pour LEVINE, le développement financier est le processus par lequel les instruments, les marchés et les intermédiaires financiers améliorent le traitement de l'information, la mise en œuvre des contrats et la réalisation des transactions, permettant ainsi au système financier de mieux exercer les fonctions définies ci-dessus.

CHAPITRE DEUXIÈME

L'intégration financière est un moyen pour renforcer le développement économique.

AU PLAN PRATIQUE : L'INTÉGRATION FINANCIÈRE EST UN MOYEN POUR RENFORCER LE DÉVELOPPEMENT ÉCONOMIQUE.

Au plan pratique, plusieurs études de la Banque mondiale (BM), de la Banque Africaine de Développement (BAD) et de nombreux praticiens, soulignent une relation positive entre le développement du secteur financier et la croissance.

Pour la BAD, il existe quatre canaux principaux pour que l'intégration financière contribue à la croissance : la stimulation des réformes financières nationales ; l'exploitation des effets d'échelle et de compétitivité et, par conséquent, l'amélioration de la productivité du système ; l'augmentation de l'attractivité de la région pour les investissements directs étrangers (IDE) ; et, enfin, la création d'acteurs de stature internationale sur le marché mondial.

Cependant, pour que cette contribution soit effective, les pays doivent répondre à certaines conditions de base à savoir : la stabilité macro-économique, le développement du capital humain, la prévisibilité et la transparence du système financier.

Dans le cas spécifique de l'Afrique, il nous est permis de noter ici les contributions notables sur ce sujet, de plusieurs experts réunis le 27 mai 2014 dans une conférence sur le thème : « réussir l'intégration financière en Afrique », organisée par la Banque de France et la FERDI.

Notons tout d'abord le point de vue de Pierre Richard Agénor qui met l'accent sur l'intérêt principal de l'intégration financière africaine, qui est l'accélération de la convergence économique régionale et la mobilisation de l'épargne internationale à des fins d'investissement et de développement économique.

Quant à Marie GULDE du Fonds Monétaire International, elle souligne les bénéfices de l'intégration financière et les mesures à mettre en place pour améliorer ce processus. Pour cette dernière, l'intégration financière est le fruit de deux processus : (i) l'intégration régionale qui permet une meilleure allocation de l'épargne régionale et permet une plus grande efficience du système financier (ii) l'intégration globale qui améliore la mobilisation de l'épargne internationale, nécessaire à des pays ayant des besoins de financement élevés, pour accélérer leur rattrapage économique. L'Afrique dans ce cadre aurait beaucoup à attendre de l'intégration financière, dans la mesure où elle permet de lever les contraintes majeures de développement que sont la faible taille des marchés et le niveau élevé du coût de l'intermédiation financière.

Amadou SY de Brookings, souligne quatre facteurs essentiels pour l'approfondissement durable de l'intégration financière, à savoir :

- ✓ Ancrer durablement l'engagement en faveur de l'intégration via la mise en place de projets d'investissement régionaux particulièrement dans les infrastructures, mais aussi les institutions financières régionales.

- ✓ Prendre des mesures pour l'amélioration du cadre des affaires et promouvoir les politiques axées sur le meilleur accès aux services financiers.

- ✓ Mettre en place une réglementation financière non discriminante ;

- ✓ Améliorer les infrastructures financières.

DEUXIÈME PARTIE

L'INTÉGRATION FINANCIÈRE EN AFRIQUE CENTRALE : OÙ EN SOMMES-NOUS ?

DANS UN RAPPORT ÉLABORÉ, EN 2010, LA BANQUE AFRICAINE DE DÉVELOPPEMENT FAISAIT UN ÉTAT DES LIEUX DE L'INTÉGRATION FINANCIÈRE DANS TROIS COMMUNAUTÉS ÉCONOMIQUES RÉGIONALES À SAVOIR : LA COMMUNAUTÉ DES ÉTATS DE L'AFRIQUE DE L'EST ET AUSTRALE (COMESA), L'UNION DU MAGHREB ARABE (UMA) ET LA COMMUNAUTÉ ÉCONOMIQUE ET MONÉTAIRE DES ÉTATS DE L'AFRIQUE CENTRALE (CEMAC).

LA BAD ÉTABLISSAIT À CETTE OCCASION QUE L'AFRIQUE CENTRALE EST LA ZONE LA MOINS INTÉGRÉE AVEC UN RATIO M2/PIB (MESURANT LA TAILLE DU SECTEUR FINANCIER), DE 15 % CONTRE 47 % POUR LA COMESA ET 29 % POUR L'UMA, ET UN RATIO CRÉDIT AU SECTEUR PRIVÉ/PIB (MESURANT LE DYNAMISME), DE 8 % CONTRE 21 % POUR LA COMESA ET 33 % POUR L'UMA.

DIX ANS PLUS TARD, IL APPARAISSAIT NÉCESSAIRE DE FAIRE LE POINT ET D'EXAMINER OÙ NOUS EN SOMMES. POUR CELA, IL CONVIENT DE FAIRE UN RAPPEL HISTORIQUE DE L'INTÉGRATION EN AFRIQUE CENTRALE, AVANT DE DRESSER L'ÉTAT DES LIEUX DU SECTEUR FINANCIER.

CHAPITRE PREMIER

L'espace CEMAC : un tigre en papier ?

L'ESPACE CEMAC : UN TIGRE EN PAPIER ?

La Communauté Économique et Monétaire des États de l'Afrique Centrale (CEMAC) est composée de six (6) pays : le Congo, le Cameroun, le Gabon, la Guinée Équatoriale, la RCA et le Tchad. Le processus d'intégration de ces pays est ancien. Il a été amorcé dès avant les indépendances de ces pays, avec la création le 29 juin 1959 de l'Union Douanière Équatoriale (UDE) par quatre pays : le Congo, le Gabon, la RCA et le Tchad. Le Cameroun s'associe à l'UDE en 1962 et ce processus va aboutir le 8 décembre 1964 à la signature du Traité instituant l'Union Douanière et Économique de l'Afrique centrale (UDEAC). La Guinée Équatoriale y adhère en 1985.

En plus de cet espace économique, les États de l'Afrique Centrale vont s'atteler à créer en 1972 une Banque centrale commune : la Banque Centrale des États de l'Afrique Centrale (BEAC). Cependant devant les résultats très mitigés de l'UDEAC en matière d'approfondissement de l'intégration économique, les pays décident en 1994 de créer la Communauté Économique et Monétaire des États de l'Afrique Centrale à travers le Traité instituant la CEMAC, signé le 16 mars 1994 à N'Djamena (Tchad).

Dès sa création, la CEMAC s'est fixé les objectifs suivants :

- ✓ le renforcement de la compétitivité des activités économiques et financières ;

- ✓ la convergence vers des performances soutenables par la coordination des politiques économiques et la mise en cohérence des politiques budgétaires nationales avec la politique monétaire commune ;

- ✓ la création d'un marché commun fondé sur la libre circulation des biens, des services, des capitaux et des personnes ;

- ✓ la coordination des politiques sectorielles.

L'approche d'intégration adoptée pour atteindre ces objectifs est basée sur : la convergence et la cohérence des politiques économiques (i) ; la stabilité de la monnaie (ii) ; la participation renforcée du secteur privé (iii) et un développement harmonieux et partagé entre les États membres (iv).

Contrairement à beaucoup de zones économiques, les États de la CEMAC se sont dotés d'un cadre institutionnel assez élaboré et d'institutions relativement solides. Le schéma ci-dessous présente le cadre institutionnel de la CEMAC.

Les institutions de la CEMAC

Le Conseil des ministres de l'UEAC

Il assure la direction de l'Union économique en application de la convention relative à l'UEAC. Il est en particulier compétent pour statuer sur les questions relatives au fonctionnement du marché commun et celles touchant à l'harmonisation des législations fiscales dans le domaine des activités économiques et financières. Instance de coordination des politiques nationales, il arrête les actions communes à entreprendre dans les secteurs suivants : l'agriculture, l'élevage, la pêche, l'industrie, l'énergie, le commerce, le tourisme, les transports et les télécommunications, la protection de l'environnement, l'enseignement, la recherche, la formation professionnelle. Enfin, le Conseil des ministres est chargé de conduire l'exercice de surveillance multilatérale.

La Commission de la CEMAC

Le traité portant création de la CEMAC énonce les structures sous-tendant la création d'un marché commun sous régional et précise les modalités de la surveillance multilatérale dont le suivi est attribué à un Secrétariat exécutif de la CEMAC, dont le siège est fixé à Bangui (République centrafricaine). Le fonctionnement de l'Union économique est placé sous sa responsabilité. Il dispose d'un droit de proposition au Conseil des ministres et est chargé du contrôle de l'application du Traité et des décisions communautaires, de la gestion du budget de l'UEAC et des programmes d'actions communautaires.

LA COMMISSION BANCAIRE DE L'AFRIQUE CENTRALE (COBAC)

La COBAC a été mise en place en janvier 1993. Elle veille au respect par les établissements de crédit des dispositions législatives et réglementaires édictées par les autorités nationales, par la BEAC ou par elle-même, et de sanctionner les manquements constatés. La COBAC procède à cette fin aux contrôles sur pièces et sur place des établissements de crédit et contribue à l'élaboration de la réglementation prudentielle du système bancaire de la zone.

SCHÉMA DES PRINCIPES INSTANCES DE LA CEMAC

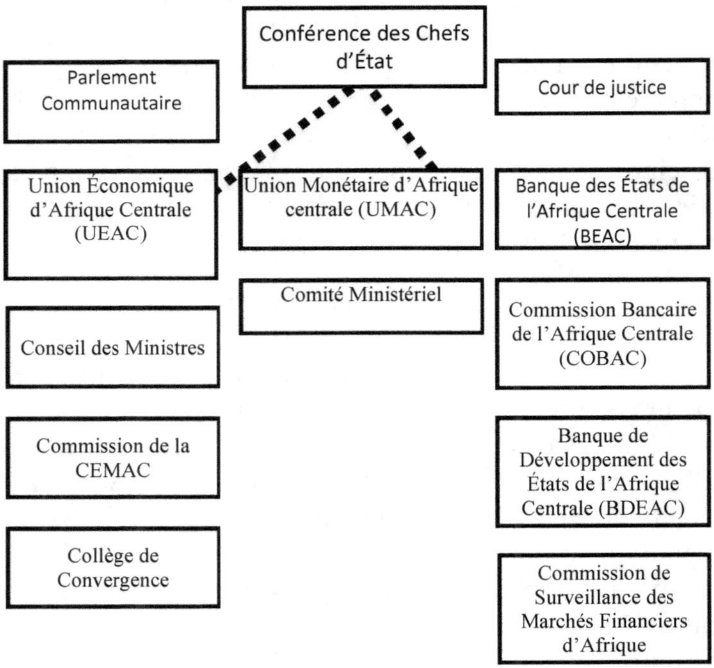

CHAPITRE DEUXIÈME

État d'avancement de l'intégration financière en Afrique centrale : Des ombres et des lumières

NOUS PROPOSONS D'EFFECTUER UN DIAGNOSTIC DE L'INTÉGRATION FINANCIÈRE AU SEIN DE LA CEMAC, EN UTILISANT LA MÉTHODE SWOT (FORCES, FAIBLESSES, OPPORTUNITÉS, RISQUES).

LES FORCES

L'atout principal de la zone CEMAC est qu'elle dispose d'une monnaie unique (le franc CFA), et d'une banque centrale unique. Cet avantage découle de l'ère postcoloniale, les pays ayant décidé d'arrimer leur monnaie naissante à celle de l'ancienne puissance coloniale.

Sur la base de cette volonté initiale, de nombreuses institutions financières à vocation régionale ont été mises en place, de même que des politiques et instruments en faveur de l'intégration financière régionale.

Une politique monétaire rigoureuse

Sur le plan monétaire, la Banque des États de l'Afrique Centrale (BEAC) conduit une politique monétaire unique, en fixant chaque année des objectifs monétaires et de crédits dans le cadre de l'exercice de programmation monétaire, mais également en utilisant des instruments tels que les taux directeurs et les réserves obligatoires imposées aux banques. Cette politique s'est traduite depuis plusieurs années par une maîtrise de l'inflation dans l'ensemble de la zone.

Un secteur bancaire rentable, solvable et liquide

Au niveau bancaire, il est utile de noter que les établissements bancaires de la sous-région sont régis par une loi bancaire unique. Dans ce cadre, la mission de supervision et de contrôle de l'activité bancaire a été confiée à la COBAC, qui a compétence sur toute la zone.

Grâce à cette organisation, le système bancaire de la sous-région, après les graves errements des années 80, se porte plutôt bien. D'après un rapport de la COBAC au 31 juillet 2016, le système bancaire de la CEMAC compte cinquante-deux (52) banques dont quatorze (14) au Cameroun, onze (11) au Congo, dix (10) au Gabon, huit (8) au Tchad, cinq (5) en Guinée Équatoriale et quatre (4) en République Centrafricaine.

CEMAC : Répartition géographique des banques au 31 juillet 2016

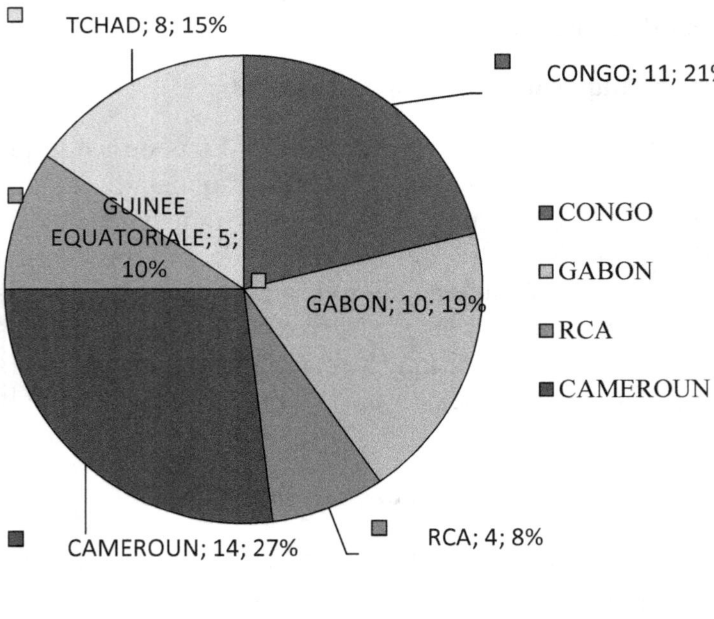

Le même rapport souligne que le secteur bancaire de la CEMAC est solvable, liquide et rentable. Cette tendance est d'ailleurs ancienne comme l'indiquent les graphiques ci-contre.

D'après ce graphique, le secteur bancaire de la sous-région présente une image solide avec un produit net bancaire en constante hausse, de même qu'un total du bilan qui a cru de 40 % entre 2011 et 2015, et des crédits et dépôts en nette évolution. Cette tendance est assez remarquable, comme le confirme d'ailleurs un rapport du Cabinet Finafrique qui conclut que les banques de l'Afrique Centrale sont plus rentables que celles de l'Afrique de l'Ouest, avec un ROE de 19 % contre 15 % pour l'UEMOA et 6,5 % pour le système bancaire européen.

Le secteur financier est une réalité, du moins sur le plan juridique et institutionnel...

Sur le plan financier, les pays de la CEMAC ont mis en place un marché financier régional.

Les paramètres nécessaires sont manquants ou erronés.

Le schéma qui suit présente l'organisation théorique du marché financier de l'Afrique centrale, tel qu'il aurait dû fonctionner conformément aux recommandations de la conférence des Chefs d'État.

CEMAC: Evolution des principaux indicateurs de l'acitivé bancaire de 2011 à 2015

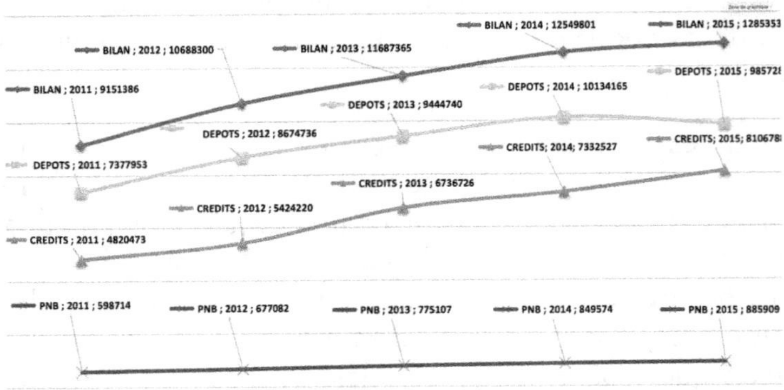

Source : données fournies par la COBAC

La commission de surveillance du marché financier de l'Afrique centrale (COSUMAF)

Dans cette organisation, la COSUMAF apparaît comme le garant du bon fonctionnement du marché financier régional, car elle en assure un rôle de régulateur. C'est une autorité publique indépendante, dotée de la personnalité morale. Les missions de la COSUMAF sont les suivantes :

- ✓ Protéger l'épargne investie en produits financiers ;
- ✓ Veiller à la bonne information des investisseurs ;
- ✓ S'assurer du bon fonctionnement du marché financier.

La BVMAC, quant à elle, est une société anonyme dotée d'un conseil d'administration. Elle bénéficie d'une concession de service public pour assurer l'organisation matérielle du marché, animer les opérations boursières et gérer le marché financier régional.

Ses missions sont de permettre l'accès au marché financier, l'inscription des titres à la cote officielle, l'enregistrement et la publicité des négociations, de même que l'animation du second marché.

Il convient de souligner ici que le rôle de dépositaire central est aujourd'hui exercé à titre transitoire par un département autonome de la BVMAC. Dans ce rôle, elle assure les missions de conservateur des valeurs mobilières et autres produits de placements.

Le dépositaire central exerce par ailleurs les missions ci-après :

- ✓ Teneur de compte à raison des valeurs mobilières inscrites dans ses registres, et des dépôts effectués par un de ses adhérents ;
- ✓ Agent de règlement-livraison ;
- ✓ Organisateur de la dématérialisation des valeurs admises ;
- ✓ Agent de codification des valeurs admises à ses opérations.

La fonction de Banque de règlement est assurée par la Banque des États de l'Afrique Centrale (BEAC). À ce titre, elle assure le dénouement en espèce des transactions conclues sur le marché financier.

Par ailleurs, elle a l'obligation de mettre en place des conditions permettant de garantir un dialogue efficient avec le dépositaire central, en vue d'assurer le dénouement normal des transactions et au besoin, l'alerte de la COSUMAF en cas de défaillance.

Les sociétés de bourse sont des intermédiaires de marchés, entre les émetteurs, les investisseurs et les structures centrales du marché. Leur rôle est essentiel pour la professionnalisation du marché. Leur intervention va de la négociation des opérations à leur placement.

Le rôle d'émetteurs revient aux États, aux entreprises publiques et privées, voire à des banques de développement. Ces derniers sont des agents économiques à besoins de financement qui recherchent sur le marché des ressources financières pour se refinancer. Il convient de préciser que ces émissions peuvent prendre la forme d'une obligation (endettement) ou d'une augmentation de capital.

Enfin, **les investisseurs** sont des agents économiques à capacité de financement. Ce sont essentiellement les ménages, les entreprises privées, les fonds de pension, les établissements publics, les banques, les investisseurs institutionnels, qui souhaitent placer sur le marché l'épargne dont ils disposent.

SOUS L'OMBRE DE LA CIMA : UN SECTEUR DES ASSURANCES CERTES EMBRYONNAIRE, MAIS EN CONSTANTE PROGRESSION...

Le secteur des assurances offre une particularité originale parce qu'il regroupe les six pays de la CEMAC et les huit pays de l'UEMOA dans un unique espace communautaire appelé Conférence Interafricaine des Marchés d'Assurance (CIMA), instituée par le Traité instituant une organisation intégrée de l'industrie des assurances, signé le 10 juillet 1992 à Yaoundé.

La CIMA se donne comme objectif de contribuer efficacement à l'essor des marchés africains d'assurance à travers une politique d'harmonisation et d'unification des dispositions législatives et réglementaires. Elle comprend plusieurs organes, notamment :

- ✓ Le Conseil des Ministres, organe directeur de la CIMA, organe suprême chargé d'assurer la réalisation des objectifs du Traité ;

- ✓ La Commission Régionale de Contrôle des Assurances (CRCA), organe chargé de réguler le secteur et de contrôle les sociétés, veiller au respect des dispositions du code CIMA

Les États de la CEMAC disposent par conséquent avec un tel cadre, d'une unité des réglementations et des mêmes rôles de contrôle, ce qui constitue un atout indéniable pour l'intégration du secteur. Nous pouvons observer dans les tableaux qui suivent, l'évolution des principaux indicateurs du marché des assurances en zone CEMAC.

Tableau X : Évolution du chiffre d'affaires non-vie en zone CEMAC de 2012 à 2014

	2012	**2013**	**2014**
CEMAC	279 544	317 318	320 916

Source : Rapport CIMA.

En 2014, la branche non-vie se structurait de la manière suivante en zone CEMAC.

Source : données Rapport CIMA

CEMAC : répartition géographique du chiffre d'affaires de l'assurance non-vie en 2014

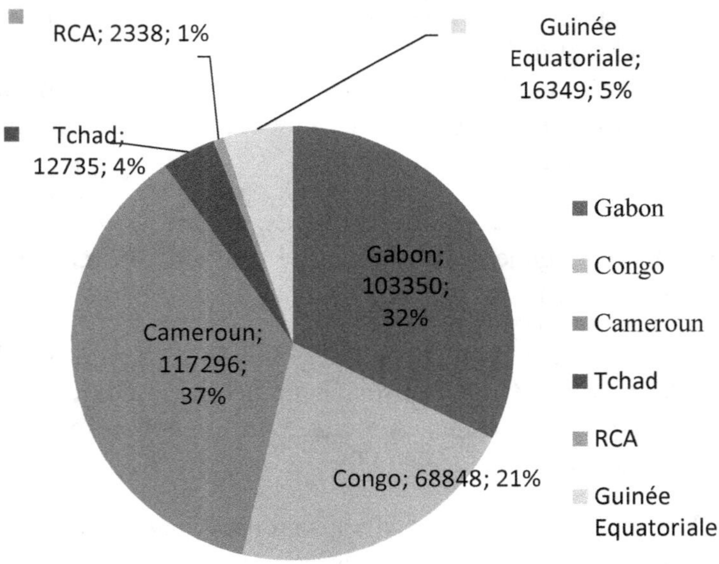

La même tendance haussière s'observe sur la branche assurance vie, comme l'indique le tableau qui suit.

Tableau X : Évolution du chiffre d'affaires en assurance vie et capitalisation de 2012 à 2014.

	2012	**2013**	**2014**
CEMAC	279 544	317 318	320 916

Source : Rapport CIMA

Dans la zone CEMAC, le Cameroun domine le marché de l'assurance vie 65 %, suivi d'assez loin par le Gabon 27 % et le Congo 7 %. Aucune entrée pour la Guinée Équatoriale et la République Centrafricaine.

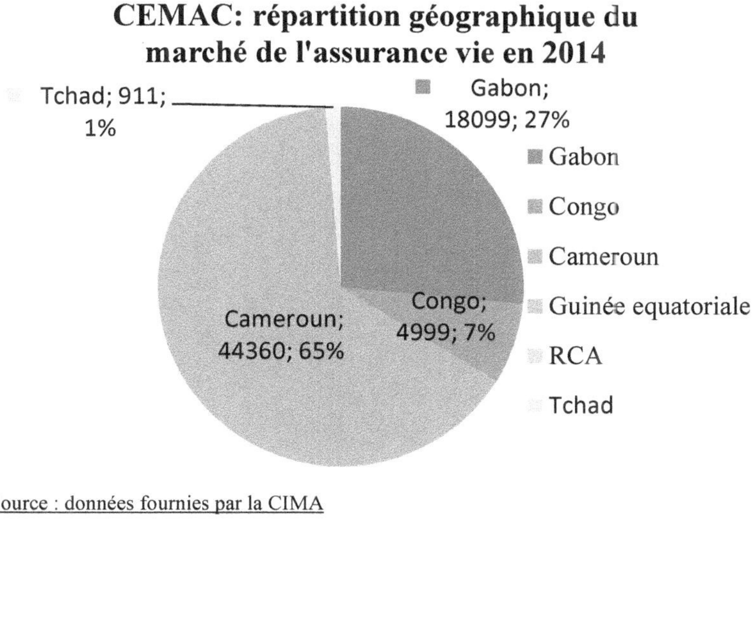

Source : données fournies par la CIMA

Les Faiblesses

Des faiblesses sur le plan bancaire : des performances très en deçà des autres places africaines

Le secteur bancaire de la sous-région montre un double visage. Malgré un cadre juridique assez élaboré et des performances globales positives, la zone CEMAC reste la zone la plus en retard en Afrique. En effet, selon une étude du groupe PROPARCA, le secteur bancaire en Afrique représente une capitalisation de 1280 milliards de dollars, dont 2 % seulement, pour l'Afrique Centrale. Le tableau ci-après permet de comparer la capitalisation bancaire de la CEMAC avec les autres places africaines.

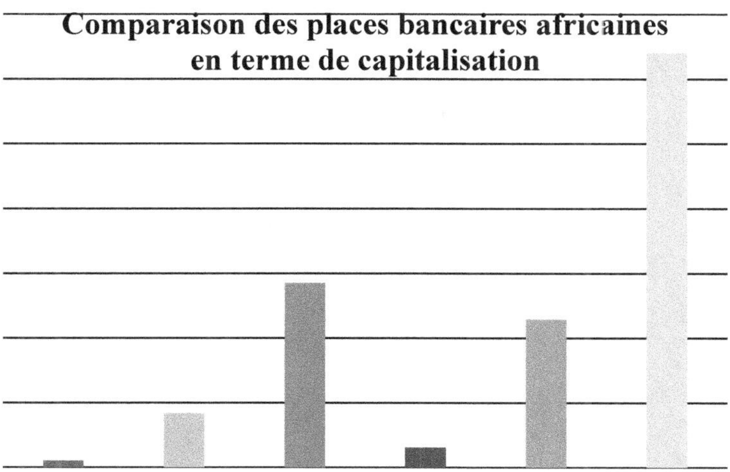

Par ailleurs, elle reste la zone la moins intégrée, de même que celle qui offre le moins nombre de banques comme le démontre le tableau ci-après.

Tableau X : comparaison de la profondeur du secteur bancaire CEMAC/autres places bancaires africaines

	CEMAC	**UEMOA**	**Afrique du Nord**	**Afrique de l'Est**	**Afrique Australe**
Monnaie /PIB	19 %	31 %	51 %	31 %	75 %
Nombre de banques	69	211	125	200	176

Source : Rapport PROPARCO

Le marché bancaire présente des faiblesses en matière de qualité des services. Ainsi, le taux de bancarisation est très bas, de même qu'il n'existe que peu de créditas à long terme (3 % selon un rapport du FERDI). Le secteur bancaire de la CEMAC est également inégalement développé avec une prépondérance des banques camerounaises, suivies de près par les banques gabonaises, de même, les taux d'intérêt y sont très élevés.

Des faiblesses sur le plan financier : le paradoxe des deux bourses régionales concurrentes…

Malgré les recommandations des Chefs d'État, le constat fait sur le terrain est qu'il s'est développé progressivement deux marchés financiers dans la région. Au lieu d'une structure unique, ce sont deux places boursières, l'une basée à Libreville et l'autre basé à Douala (Cameroun), qui se sont organisées avec :

- ✓ Deux bourses de valeurs, l'une régionale, la BVMAC et l'autre nationale, la Douala Stock Exchange (DSX) du Cameroun ;

- ✓ Deux autorités de régulation : la COSUMAF au niveau régional et la Commission des Marchés Financiers (CMF) du Cameroun.

Le tableau ci-dessous présente l'architecture organisationnelle de ces deux places boursières.

Tableau 4 : Architecture organisationnelle des marchés financiers de la CEMAC (source COSUMAF)

	Marché Financier de l'Afrique Centrale	Marché Financier du Cameroun
Autorité de régulation et de tutelle du marché	COSUMAF (Commission de Surveillance du Marché Financier de l'Afrique Centrale)	CMF (Commission des Marchés Financiers Camerounais)
Composition	Un collège composé de 10 commissaires	Un collège composé de 9 membres
Principales missions	– Protéger l'épargne investie en produits financiers ; – veiller à la qualité de l'information financière ; – veiller au bon fonctionnement du marché financier.	
Structures centrales du marché		
	Entreprise de Marché	
	Bourse de Valeurs Mobilières de l'Afrique Centrale (BVMAC)	Douala Stock Exchange (DSX)
	Dépositaire central	
	Département autonome de la BVMAC (à titre transitoire)	Caisse Autonome
	Banque de Règlement	
	Banque des États de l'Afrique Centrale	SGBC
Principales caractéristiques des marchés boursiers	Titres dématérialisés, marchés électroniques, cotation au fixing, règlement/livraison à T+3, Fonds de garantie du marché.	
Intervenants commerciaux	3 sociétés de bourse	9 prestataires de services d'investissement
Principales activités des intervenants commerciaux	Monopole de négociation et de placement, teneurs de compte, relations avec les émetteurs, relations avec les investisseurs, mécanisme de garantie des épargnants	

DES FAIBLESSES SUR LE PLAN DES ASSURANCES : UN MARCHÉ COMMUN QUI RESTE DOMINÉ PAR L'UEMOA

Malgré sa progression relative, nous pouvons noter que le marché de l'assurance dans la zone CEMAC reste encore à des niveaux de performances en dessous de la zone UEMOA, particulièrement la Côte d'Ivoire qui détient près de 51 % du marché.

Répartition du chiffre d'affaires de l'assurance « non-vie » entre CEMAC et UEMOA

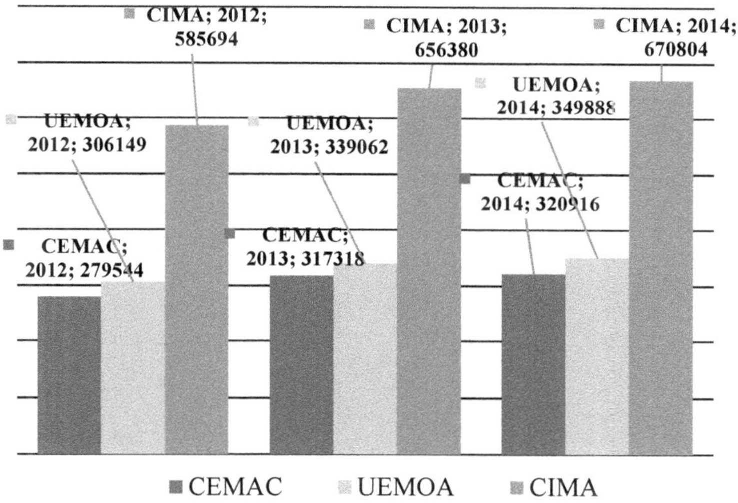

Source : données collectées auprès de la CIMA

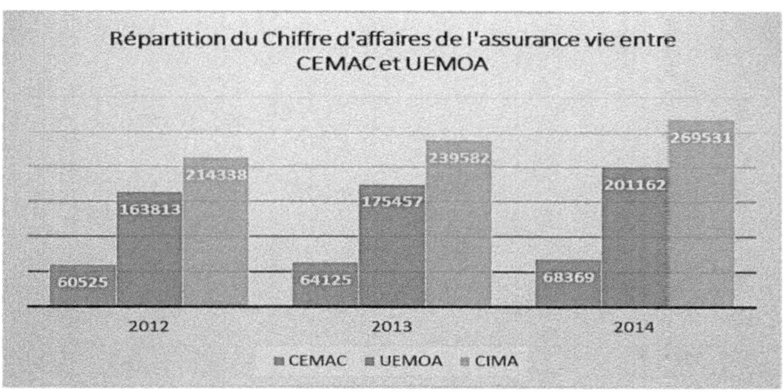

Source : données collectées auprès de la CIMA

LES OPPORTUNITÉS

La zone CEMAC possède un potentiel de développement réel de son secteur financier. Un certain nombre de facteurs pourraient être présentés dans ce sens comme des opportunités. On peut noter particulièrement : l'existence d'un cadre macro-économique stable et l'existence de ressources naturelles abondantes.

En effet, depuis près de 5 ans, les États de la CEMAC ont connu une croissance moyenne de 5 % par an, quoique peu diversifiée. Cette croissance, certes tirée dans sa globalité par l'appréciation des cours des matières premières, s'est traduite par la relance des programmes d'investissements des États et des efforts de diversification des économies. Grâce à une politique monétaire efficace, l'inflation est maîtrisée, en dessous du critère sous régional de 3 % du PIB.

L'appartenance à la zone FRANC et son arrimage à l'euro à travers une parité fixe couplée avec un règlement communautaire des changes qui assure la libre circulation des capitaux, font potentiellement de la zone CEMAC, un espace propice aux mouvements financiers internes et externes.

La situation actuelle du secteur bancaire caractérisée par un excès de liquidités et par un faible taux de bancarisation représente une opportunité de croissance des opérations financières dans la CEMAC. En effet, la CEMAC est la zone économique la plus sous-bancarisée avec un taux de 11,8 % en moyenne, contre 14,83 % en zone UEMOA, loin de la moyenne des pays de l'Afrique subsaharienne qui est de 29 %, et des pays en voie de développement qui est de 53 %. Ce faible taux de bancarisation traduit d'importantes opportunités de croissance pour le secteur bancaire, à condition que des actions appropriées soient prises.

Il est également établi que les banques de la sous-région sont sur liquides. La banque de France estimait en 2014, les réserves brutes qui représentent des liquidités oisives à 3772 milliards de FCFA. Cet excès de liquidités, qui s'expliquerait par le manque de profondeur du secteur financier et la faiblesse de l'environnement des affaires, est un axe d'opportunités dans une zone dans laquelle les besoins sont paradoxalement très importants, notamment au niveau du secteur privé.

La persistance d'opérations financières off-shore, particulièrement de la part des sociétés pétrolières et minières, et souvent en violation du règlement des changes, constitue également une opportunité de développement d'un secteur financier intégré.

Au sein du secteur des assurances, l'appartenance des entreprises d'assurance de la CEMAC à l'espace CIMA, commun avec l'UEMOA, est un facteur porteur pour l'intégration de ce secteur.

De même, les émissions obligataires restent bien en dessous du potentiel réel évalué à environ 250 milliards de FCFA selon une étude du cabinet Roland Berger. Ce dernier prévoit d'ailleurs que la profondeur du marché financier pourrait atteindre 2150 à 2450 milliards de FCFA à l'horizon 2025.

Graphique n° 1 : Évolution des émissions sur le Marché Financier de l'Afrique Centrale (en milliards de FCFA)

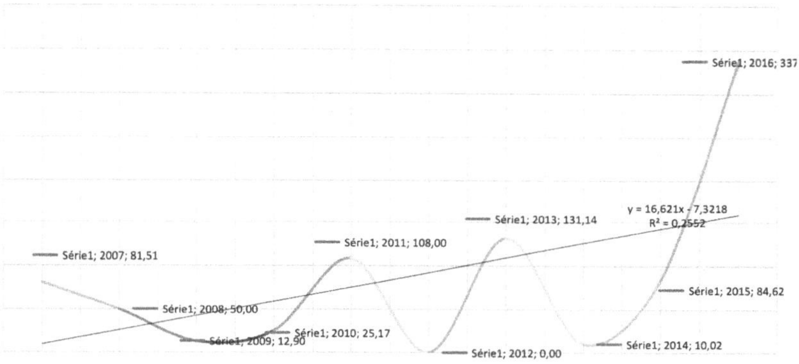

Source COSUMAF

Nous pouvons d'ailleurs observer sur le graphique ci-dessus, la tendance haussière des émissions, depuis sa création en 2007, ce qui traduit un réel potentiel de croissance.

LES RISQUES

LA CROISSANCE EN PANNE DANS LA ZONE CEMAC

Selon le Comité de politique monétaire de la BEAC réuni en session ordinaire le 22 mars 2017, la croissance de la zone CEMAC atteindrait un niveau record en 2016 de 0,2 %, après plusieurs années de croissance moyenne supérieure à 5 %. Cette mauvaise nouvelle présente un risque certain pour l'intégration financière, car elle démontre principalement un fait : les économies de la sous-région ne sont pas suffisamment diversifiées et restent dépendantes des cours des matières premières notamment le marché du pétrole, qui fait preuve d'une certaine atonie depuis le second semestre de l'année 2014.

En plus de ces mauvaises performances, on peut observer l'apparition de déficits jumeaux dans l'ensemble de la zone c'est-à-dire une conjonction des déficits budgétaires et des déficits de la balance courante.

En effet, le déficit budgétaire base engagement hors don de la zone est passé à 5,6 % du PIB, contre un déficit de 3,3 % du PIB en 2015. Quant au déficit des transactions courantes, il est fixé à 11,7 % du PIB en 2016. Les États de la CEMAC font face également à une baisse drastique de leurs réserves, au point que le taux de couverture de la monnaie s'est fortement dégradé à 56,8 % à fin décembre 2016. Certes ce taux reste encore au-dessus de la norme statutaire qui est de 20 %, mais si la tendance se poursuit, les pays de la CEMAC devront faire face à des efforts importants de réajustement. C'est d'ailleurs le sens des orientations prônées par le FMI qui a amené les États de la

CEMAC à négocier des programmes d'ajustement pour faire face à ces déséquilibres internes et externes.

MONTÉE DE L'ENDETTEMENT DES ÉTATS

La bonne tenue des cours des matières premières observées depuis 2009 a amené de nombreux pays de la CEMAC a engagé des politiques budgétaires expansionnistes, mais qui se sont avérées malheureusement procycliques. Depuis le retournement des principaux marchés des matières premières en 2014, les pays de la CEMAC font face à la montée des déficits budgétaires. En contrepartie, l'endettement en zone CEMAC a repris un rythme de progression assez inquiétant. Le tableau ci-après montre l'évolution du taux d'endettement de la CEMAC de 2010 à 2015.

Tableau 5 : Évolution de l'endettement des États de la CEMAC entre 2010 et 2015

	2010	2015
Cameroun	11,5	30,1
Congo	22,9	51,6
Guinée Équatoriale	11,2	23,6
Gabon	18,6	33,7
RCA	32,3	42,2
Tchad	20,7	23,7

Source : base de données statistiques de la banque mondiale

INTÉGRATION RÉGIONALE : UN PROCESSUS BLOQUÉ ?

Dans la zone CEMAC, au fur et à mesure que se succèdent les sommets et autres réunions d'experts, l'impression qui se dégage est que le processus d'intégration dans cette zone tarde à véritablement prendre ses marques. La libre circulation des biens et des personnes malgré les résolutions pour l'institution d'un passeport CEMAC n'est toujours pas effective. Les nombreux projets, énoncés dans le programme économique régional dont l'objectif est de faire de la CEMAC un espace économique émergent à l'horizon 2025, sont toujours leur phase initiale quand ils n'ont pas été purement et simplement retirés. Le cas du projet Air CEMAC en est un exemple emblématique. Il apparaît que la réalité actuelle de l'intégration régionale est loin de l'objectif très ambitieux que se sont fixé les pères fondateurs de ce projet qui étaient d'en faire un marché commun. L'intégration financière ne peut qu'aller de pair avec l'intégration économique, les deux se renforçant mutuellement. Si les plus hautes autorités de la CEMAC n'arrivent pas à relancer une dynamique réelle d'intégration, le secteur financier de la zone restera à un stade embryonnaire.

Le cas des banques de la sous-région est assez symptomatique. Alors que leurs voisines de l'UEMOA se développent à un rythme soutenu, au point de voir émerger ces dernières années des champions régionaux classés parmi les plus grands groupes financiers africains, leurs homologues de la CEMAC peinent à se déployer dans la sous-région, préférant d'ailleurs paradoxalement s'étendre dans d'autres espaces économiques. Le gabonais BGFIBank, 1er établissement financier de la zone s'installe avec peine au Cameroun, après un long processus d'autorisation d'agrément. Quant au groupe camerounais Afriland First Bank, 2e groupe financier de la CEMAC, il attend toujours le feu vert des autorités monétaires de Libreville pour commencer ses activités au Gabon.

Le FCFA : instrument au service de la CEMAC ou outil d'asservissement monétaire ?

Depuis un certain temps, l'opinion publique, de même que la diaspora africaine se passionnent du débat sur l'arrimage du franc CFA à l'euro. Certains y voient un instrument monétaire utile à la zone FRANC, qui la protège des risques des changes et des effets négatifs des fluctuations sur les marchés financiers internationaux. D'autres y voient un instrument d'asservissement, monétaire, évoquant une disposition de la convention liant la zone FRANC à la banque de France, qui oblige les pays de cet espace à déposer sur un compte d'opération de la banque de France, 50 % de leurs réserves.

Dans tous les cas, il nous semble que ce débat, lancé il est vrai avec fracas par des ONG plutôt activistes, ne devrait pas s'estomper d'aussi près, tellement il suscite des passions. Par contre, les autorités monétaires de la CEMAC devraient s'en saisir pour l'examiner de manière objective. L'arrimage à la zone FRANC date de 1972, elle avait certainement sa raison d'être. Nous pensons certainement qu'elle a pu garantir aux pays de la zone une certaine stabilité dans leurs échanges avec l'extérieur. Mais toute politique publique a toujours des effets pervers. Il convient pour cela de faire le point et de proposer une démarche progressive d'autonomisation monétaire de la zone.

TROISIÈME PARTIE

LES LEÇONS APPRISES DES AUTRES MODÈLES D'INTÉGRATION.

QUATRE MODÈLES : L'UNION EUROPÉENNE, UNE DÉMARCHE PLANIFIÉE D'INTÉGRATION ÉCONOMIQUE PUIS MONÉTAIRE ET FINANCIÈRE ; L'ASIE DU SUD-EST, MALGRÉ DES PERFORMANCES ÉCONOMIQUES COLOSSALES, UNE NÉCESSITÉ DE RENFORCER L'INTÉGRATION ET LA COOPÉRATION FINANCIÈRE RÉGIONALE ; LE MAROC, ENTRE STRATÉGIE, BONNE GOUVERNANCE ET EXPERTISE FINANCIÈRE, LE RÊVE D'UNE CITY À L'AFRICAINE ET ENFIN L'AFRIQUE DE L'OUEST (UEMOA), LE PARADOXE DES DEUX ZONES SŒURS.

CHAPITRE PREMIER

Le modèle de l'Union Européenne : une démarche planifiée d'intégration économique puis monétaire et financière

LE MODÈLE DE L'UNION EUROPÉENNE : UNE DÉMARCHE PLANIFIÉE D'INTÉGRATION ÉCONOMIQUE PUIS MONÉTAIRE ET FINANCIÈRE

Le modèle de l'intégration européenne s'est basé dans un premier temps sur une intégration économique, avant d'envisager l'intégration monétaire, le marché commun et l'union bancaire. Nous rappelons ci-dessous les principales étapes du processus d'intégration européenne.

- ✓ 1951 : signature du Traité de Paris créant la communauté européenne du charbon et de l'acier, entre l'Allemagne, la France, la Belgique, l'Italie, le Luxembourg et les Pays-Bas.

- ✓ Mars 1957 : signature du Traité de Rome, instituant la communauté économique européenne (CEE), et la communauté européenne de l'énergie atomique (Euratom).

- ✓ 1972 : le serpent dans le tunnel est instauré en mars 1972. C'est un mécanisme de flottement concerté des monnaies. Il est malheureusement remis en cause par la crise pétrolière, la faiblesse du dollar et la divergence des politiques économiques ;

- ✓ 13 mars 1979 : instauration de l'unité de compte européenne (ECU), dans le cadre du système monétaire européen. L'ECU est une moyenne pondérée des monnaies participantes ;

- ✓ 1985 : adoption du programme de marché unique qui a ouvert la voie à la monnaie unique ;

- ✓ 1989 : le Président de la Commission de l'Union Européenne, Jacques Delors, présente un rapport qui propose la réalisation de l'union économique et monétaire en trois étapes, et souligne la nécessité de coordonner les politiques économiques, budgétaires et créer une banque centrale régionale ;

- ✓ 1999 : adoption de l'euro après la libéralisation du compte de capital en 1990. Les États européens mettent en place un plan d'action pour les services financiers (5 ans), dans le but d'harmoniser les règles de leurs secteurs financiers et renforcer la coopération entre les institutions européennes et les acteurs du marché.

Le plan d'action pour les services financiers (1999-2004) : l'importance de l'harmonisation des règles financière

La mise en œuvre de la monnaie unique s'est accompagnée d'une volonté des États européens à harmoniser la réglementation en matière financière. Ainsi, le plan d'action pour les services financiers a été mis en place en 1999. Il vise à créer un marché unique du secteur des services financiers au sein de l'UE. Il compte 42 mesures destinées à harmoniser les réglementations en vigueur dans les différents pays membres, en matière de valeurs mobilières, de services bancaires, d'assurance, de crédits hypothécaires et de toute autre forme de transaction financière.

CHAPITRE DEUXIÈME

Le modèle d'Asie du Sud-Est : malgré des performances économiques colossales, une nécessité de renforcer l'intégration et la coopération financière régionale

LE MODÈLE D'ASIE DU SUD-EST : MALGRÉ DES PERFORMANCES ÉCONOMIQUES COLOSSALES, UNE NÉCESSITÉ DE RENFORCER L'INTÉGRATION ET LA COOPÉRATION FINANCIÈRE RÉGIONALE

L'expérience de l'Asie de l'Est est particulière, d'autant qu'elle se singularise par son dynamisme économique et son degré d'ouverture, sous la houlette des géants régionaux que sont la Chine, le Japon ou la Corée du Sud. Ce dynamisme se traduit, outre les exportations vers les grands marchés internationaux, par une forte dynamique du commerce et des investissements directs dans la région. En effet, les importations intrarégionales ont représenté 44 % du total des pays de l'ASEAN en 2004, contre 31 % en 1990. Les exportations quant à elles, ont suivi la même tendance, représentant 35 % des exportations totales de la zone, contre 27 % en 1990.

Par contre, l'intégration financière de la zone est moins avancée. On peut y noter une certaine faiblesse des prêts bancaires et des flux de portefeuille transfrontalier. A contrario, la plupart des pays de cette zone sont plus intégrés financièrement avec les USA, qu'entre eux, du fait d'un fort ancrage sur la monnaie américaine. Les réserves acquises sont placées dans des banques américaines qui en contrepartie accordent des prêts à court et moyen terme au secteur privé. Certes, des places boursières relativement dynamiques existent, mais elles ne coopèrent que très faiblement entre elles, et ne sont pas du tout connectées. Sur le plan bancaire, l'intégration est plus poussée avec des banques étrangères, particulièrement les banques britanniques.

La crise financière dite « asiatique » de 1997-1998 a permis aux pays de la zone de prendre conscience de cette situation de dépendance, et de renforcer l'intégration financière dans la zone. Pour cela, quatre objectifs ont été arrêtés.

<u>Objectif 1 : renforcer la stabilité monétaire de la zone pour faciliter les échanges intrarégionaux</u>

Les pays de l'Asie de l'Est expérimentent de fait, une relative stabilité des changes, car plusieurs monnaies sont ancrées sur dollar américain. Mais ils ont tout de même bien compris qu'une stabilité régionale des taux de change est déterminante. Il reste là quelques questions de fond que les pays asiatiques devront tôt ou tard trancher. Cette stabilité de change se ferait autour de quelle monnaie ? Le Yen ou le Yuan, ou le dollar, ou même un panier de devises régionales ?

<u>Objectif 2 : Tendre vers une zone monétaire optimale</u>

La théorie des zones monétaires optimales a été théorisée par Robert MUNDELL en 1961. Une zone monétaire optimale serait un espace économique qui dispose d'une monnaie unique et qui peut avoir pour effet d'accroitre les échanges dans la zone, à condition que certaines conditions soient respectées à savoir : la réduction des coûts de transaction des opérations commerciales et financières transfrontalières, et la suppression de la volatilité des taux de change dans la zone.

Objectif 3 : réorienter les activités d'intermédiation financière dans la région

L'objectif de ces pays est de réduire leur dépendance vis-à-vis du financement bancaire et du financement international, à travers la densification et l'approfondissement de leurs marchés obligataires en monnaies locales. Cela aura pour effet de parvenir à une meilleure allocation de l'épargne régionale dans la zone.

Mc CAULEY (2003) établit à ce sujet que les sorties de capitaux de l'Asie de l'Est éteint principalement dues à une politique active des banques centrales de placer massivement leurs réserves de change à l'étranger. En 2004, d'après le même auteur, les autorités publiques asiatiques détenaient 70 % des émissions des bons de trésor américains.

Pour sortir de cette faible diversification de portefeuille, et de cette situation de quasi-dépendance, SOPANHA SA et Julia Guérin (Banque de France) proposent dans leur étude sur les progrès de l'intégration monétaire et financière en Asie, trois axes de travail :

- ✓ Poursuivre les politiques de libéralisation du compte de capital des économies asiatiques pour permettre à l'épargne régionale de se placer aussi bien à l'intérieur de la zone qu'à l'extérieur ;

- ✓ Créer des marchés monétaires, obligataires, de changes, et favoriser la concurrence interbancaire au sein de la région pour améliorer l'allocation optimale de l'épargne ;

- ✓ Créer de nouveaux produits tels que les fonds d'obligations asiatiques ;

<u>Objectif 4 : prévenir et endiguer les crises financières</u>

Il s'agit d'une part de renforcer la surveillance multilatérale et de disposer de facilités régionales de soutien financier. À ce sujet, les pays asiatiques ont créé un mécanisme d'assistance financière régionale appelé *CHIANG MAI INITIATIVE*, qui se caractérise notamment par des accords régionaux et bilatéraux d'échange de devises.

CHAPITRE TROISIÈME

L'exemple marocain : entre stratégie, bonne gouvernance et expertise financière, le rêve d'une city à africaine

L'EXEMPLE MAROCAIN : ENTRE STRATÉGIE, BONNE GOUVERNANCE ET EXPERTISE FINANCIÈRE, LE RÊVE D'UNE CITY AFRICAINE

Le Maroc se présente aujourd'hui comme un des champions de l'industrie financière. Dans le secteur bancaire, ce pays occupe aujourd'hui le rang de 2e place financière africaine après Johannesburg. Les ingrédients d'un tel succès sont : une ouverture réussie, des partenariats stratégiques forts et un cadre institutionnel et fiscal approprié.

Une ouverture réussie

Le Maroc a signé des partenariats stratégiques avec les principales places financières européennes, en particulier Londres et Paris. Selon le Magazine Challenge, en octobre 2016, le Maroc organisait avec Paris Europlace, une conférence sur le thème de l'intermédiation financière en Afrique.

L'année précédente, il signait avec le London Stock Exchange, un partenariat technique et financier en vue d'accélérer le lancement d'un marché de produits dérivés au Maroc. Cette ouverture s'étend également vers les États-Unis, par l'installation de nombreux fonds d'investissement américains au Maroc, soit directement soit en joint-venture avec des fonds marocains.

Une gouvernance de qualité

Le Maroc pour atteindre ses objectifs mise sur de nombreux atouts : une position géographique idéale, située entre l'Afrique et l'Europe qui lui permet de servir de porte d'entrée et de sortie, une expertise humaine avérée, fruit de la formation dans les secteurs financiers, mais aussi d'une politique pour attirer les plus grands talents marocains ayant acquis de l'expérience dans les grands groupes financiers internationaux.

Le Maroc a créé une structure dénommée Casablanca Finance City, chargée de promouvoir la nouvelle city africaine, et qui met en œuvre une fiscalité attrayante pour les entreprises financières. En conséquence, le Maroc rassemble aujourd'hui l'essentiel des entreprises de référence dans le domaine de la finance. On peut citer : Société Générale, BNP Paris Bas, la Coface, les entreprises de conseil telles que Roland Berger, Clifford Chance, le Boston Consulting Group ou encore l'assureur AIG. La BAD vient d'ailleurs de décider d'installer à Casablanca son fonds d'investissement du futur Africa 50 qui projette d'investir pour 100 milliards d'euros de projets en Afrique.

Une stratégie gagnante en Afrique

Le Maroc développe depuis quelques années une stratégie tous azimuts d'implantation et de prise de participation dans de nombreux pays africains. Trois grands groupes bancaires marocains sont implantés dans plusieurs pays africains. En l'occurrence la Banque marocaine du commerce extérieur (BMCE), Attijariwafa Bank et Banque centrale populaire du Maroc (BCP) présente respectivement dans 18, 12 et 11 pays africains.

CHAPITRE QUATRIÈME

Le cas de l'Afrique de l'Ouest (UEMOA) : le paradoxe des deux zones sœurs.

LE CAS DE L'AFRIQUE DE L'OUEST (UEMOA) : LE PARADOXE DES DEUX ZONES SŒURS

Il y a de nombreux points communs entre l'espace UEMOA et la zone CEMAC. Les processus d'intégration des deux zones économiques ont été conduits de manière presque parallèle du fait de leur lien avec la même ancienne puissance coloniale. Les deux espaces appartiennent à la zone FRANC, ce qui se traduit par une parité fixe du FCFA à l'euro et la garantie des règlements des échanges extérieurs de la zone. Toutefois, la comparaison semble s'arrêter à ce niveau, car en matière de performances, la zone UEMOA paraît plus dynamique.

UEMOA : une intégration économique plus aboutie

L'UEMOA se présente comme le bon élève de la zone CFA avec une intégration économique plus aboutie. Après des années de croissance moyenne limitée, aggravée par la crise politique passée en Côte d'Ivoire (40 % du PIB de la région), la région connait une croissance continue ces sept dernières années, avec un taux de croissance moyen de 6 %.

Plusieurs raisons peuvent expliquer ces succès, au nombre desquelles une forte volonté politique au niveau de la région, pour parvenir à la réalisation d'un marché commun de l'UEMOA, mais aussi l'adhésion et l'engagement des populations dans cet objectif. Il y a un sentiment génal au niveau de l'UEMOA que les pays de la région ne seront plus forts individuellement s'ils parviennent à réussir l'intégration.

Par ailleurs, plusieurs autres mesures favorables à l'intégration ont été prises depuis de nombreuses années à savoir :

(i) la libre circulation des personnes, les citoyens de cette zone circulent librement dans chacun des pays sans la nécessité de visa ;

(ii) les infrastructures routières, portuaires et aéroportuaires existences, qui forment un réseau reliant les principales villes de la zone entre elles, permettant une liberté de circulation des personnes et des marchandises ;

(iii) un marché financier compacté et commun, dans lequel chacune des entités nationales (états et entreprises) participe avec les mêmes règles ;

(iv) une certaine complémentarité économique qui permet d'organiser un marché logistique de la zone autour de deux principaux pôles : la Côte d'Ivoire et dans une moindre mesure le Togo.

Une réelle dynamique de l'intégration financière

Même si d'importants efforts sont à faire, la zone UEMOA apparaît encore une fois plus performante. Sur le plan bancaire, même si d'après le rapport Finafrique intitulé « performances bancaires dans les zones UEMOA et CEMAC », les banques de l'Afrique Centrale sont plus rentables plus liquides et moins exposées aux risques que les banques de l'UEMOA ; il apparaît encore une fois que le dynamisme, la créativité sont du côté de l'UEMOA.

Alors que le secteur bancaire dans la zone CEMAC pèse 20 milliards de dollars (données PROPARCO), l'UEMOA pèse 168 milliards de dollars, soit 31 % du PIB. Cette tendance s'observe également au niveau du nombre de banques soit 211 milliards en UEMOA contre 52 en zone CEMAC, et des guichets (cinq fois plus en zone UEMOA).

Comparaison des secteurs bancaires UEMOA/CEMAC

	UEMOA	**CEMAC**
TAILLE DU SECTEUR BANCAIRE (en milliards USD)	168	20
POIDS DANS LE PIB RÉGIONAL	31 %	19 %
NOMBRE DE BANQUES	211	52

Sur le plan financier, le constat est le même, alors que la bourse régionale des valeurs mobilières (BRVM basée à Abidjan), possède une capitalisation de 7000 milliards de FCFA (11 % du PIB régional) les deux bourses de la CEMAC (BVMAC et DSX) ne totalisent guère que 250 milliards de FCFA (0,4 % du PIB), alors même que le potentiel de la zone est évalué à 4000 milliards de FCFA.

Cette réussite relative de la zone UEMOA peut s'expliquer par les facteurs ci-après :

✓ une intégration économique plus élaborée favorisée par la volonté politique des États membres et une certaine complémentarité entre les économies ;

✓ le développement des activités transfrontalières, dans le secteur boursier, bancaire ou des assurances ;

✓ l'émergence de grands champions régionaux qui développent leurs activités au-delà des frontières et même dans les autres zones économiques ; c'est le cas de la Banque Atlantique, d'Ecobank ou de Bank of Africa, devenues en peu de temps des géants africains ;

✓ une politique plus agressive de déploiement auprès du public pour une meilleure collecte de l'épargne, avec notamment des produits adaptés.

QUATRIÈME PARTIE

MISE EN PLACE D'UN PLAN DE DÉVELOPPEMENT DES SERVICES FINANCIERS AU SEIN DE LA CEMAC.

LES ÉTATS DE LA CEMAC ONT ENTREPRIS DE NOMBREUSES ACTIONS POUR ACCÉLÉRER L'INTÉGRATION FINANCIÈRE DANS LA SOUS-RÉGION, ET CONTRIBUER AINSI AU DÉVELOPPEMENT ÉCONOMIQUE. AUJOURD'HUI, LA CEMAC EST UNE ZONE MONÉTAIRE QUI PRÉSENTE DES INDICATEURS FINANCIERS RELATIVEMENT SOLIDES NOTAMMENT EN MATIÈRE DE POLITIQUE MONÉTAIRE ET DE CONTRÔLE ET DE RENDEMENT DE L'ACTIVITÉ BANCAIRE. IL RESTE TOUTEFOIS AU VU DE L'ANALYSE FAITE PLUS HAUT, QU'ELLE RESTE PEU DYNAMIQUE, SE CONTENTANT D'EXPLOITER SON IMMENSE POTENTIEL. LA CONSÉQUENCE DE CELA, C'EST QUE LA CEMAC EST LA ZONE ÉCONOMIQUE QUI RÉUSSIT LE MOINS SUR LE PLAN D'E L'INTÉGRATION FINANCIÈRE, QUAND ON LA COMPARE AUX AUTRES ZONES AFRICAINES.

IL IMPORTE PAR CONSÉQUENT QUE LES ÉTATS MEMBRES DE CET ESPACE PRENNENT DES MESURES, MAIS SURTOUT AGISSENT POUR DOPER VÉRITABLEMENT LE SECTEUR FINANCIER, QUI EST UN ÉLÉMENT COMPLÉMENTAIRE AUX AUTRES POLITIQUES MENÉES PAR LA CEMAC POUR DÉVELOPPER CET ESPACE ÉCONOMIQUE. NOUS PLAIDONS À CET EFFET, POUR LA MISE EN PLACE D'UN PLAN DE DÉVELOPPEMENT DU SECTEUR FINANCIER DE LA CEMAC, BASÉ SUR 6 AXES ET 21 ACTIONS.

CHAPITRE PREMIER

Redynamiser l'intégration économique

REDYNAMISER L'INTÉGRATION ÉCONOMIQUE

L'expérience des modèles d'intégration d'autres régions du monde nous l'a appris : l'intégration économique et l'intégration financière vont de pair, l'une précédant l'autre, et les deux se renforçant mutuellement. C'est dire qu'il est important de dynamiser l'intégration économique en Afrique centrale, en vue de favoriser le développement d'un secteur financier sous régional. Pour cela, un certain nombre d'actions pourrait être entrepris à savoir :

- ✓ Action 1 : Rendre effective la libre circulation des personnes au sein de la CEMAC, par l'exemption de visas ;

- ✓ Action 2 : Finaliser voire améliorer les principaux axes routiers reliant les différentes capitales des sous-régions afin de doper la circulation des personnes et des biens et améliorer le commerce intrarégional ;

- ✓ Action 3 : Mettre fin à la dichotomie existante entre les deux institutions que sont la CEMAC et la CEEAC et parvenir à terme à leur unification ;

- ✓ Action 4 : lancer de grands projets régionaux, notamment dans le domaine des infrastructures, ou même dans les domaines minier et pétrolier. C'est le cas de la zone frontière entre le Congo, le Cameroun et le Gabon, qui regorge d'importantes réserves en fer et en or. Cette zone pourrait faire l'objet d'un projet commun qui mutualise les ressources naturelles et optimise les besoins en infrastructures.

CHAPITRE DEUXIÈME

Réformer en profondeur le marché financier.

RÉFORMER EN PROFONDEUR LE MARCHÉ FINANCIER

L'existence de deux bourses dans la sous-région ne permettra pas au marché d'atteindre une taille critique, pour améliorer sa performance. Bien au contraire, cette situation est génératrice de coûts en termes de délais de procédures et de frais financiers, et en définitive de perte de confiance des opérateurs. Par ailleurs, le marché financier fait face à des contraintes liées aux faiblesses de l'offre et de la demande de produits financiers. Il convient par conséquent de prendre les mesures d'amélioration appropriées.

Action 1 : mettre en œuvre un plan de convergence entre les places boursières de Libreville (BVMAC) et de Douala (DSX)

Ce plan de convergence consisterait à :

✓ harmoniser le cadre réglementaire et la tarification des deux places boursières ;

✓ mettre en place un régulateur unique. En cela, la COSUMAF, qui dispose déjà d'un mandat des plus hautes instances de la sous-région pourrait entrer dans son rôle de régulateur unique du marché financier sous régional ; une mutualisation des ressources humaines des deux régulateurs pourrait être mise à profit ;

✓ Interconnecter les deux bourses de valeur, la BVMAC et DSX, comme cela se passe dans la zone UEMOA dans laquelle la BRVM possède des représentations dans les états membres, consacrant de ce fait la cotation unique des opérations.

✓ Les deux bourses pourraient en outre travailler à atteindre les résultats suivants :

- *l'adaptation des plateformes de cotation ;*
- *la création d'un carnet d'ordres unique ;*
- *l'unification des règles de négociation des titres ;*
- *la définition de règles communes pour accéder à l'une ou l'autre bourse ;*
- *l'inscription des entreprises sur un listing unique ;*
- *l'adoption de la BEAC comme banque de règlement ;*
- *l'interconnexion des deux bourses.*

Action 2 : améliorer l'offre des titres financiers

L'exploitation du potentiel du marché financier de l'Afrique Centrale passe par la structuration et l'augmentation de l'offre de titres. Il convient par conséquent de prendre des mesures idoines, notamment :

✓ Au niveau des États : des politiques macro-économiques saines et une offre de titres à court moyen et long terme

L'examen du bilan du marché financier montre que les États de la CEMAC ont favorablement joué leur rôle de leadership, notamment en encourageant l'émission d'emprunts obligataires. Cette dynamique doit être maintenue, particulièrement dans le sens d'améliorer la qualité de la signature des États. À ce titre, les États de la

CEMAC devraient continuer à mettre en œuvre un cadre macro-économique stable, ce qui induit :

- *une gestion budgétaire saine avec des déficits budgétaires contenus, la transparence dans la gestion du budget, la publication régulière de rapports d'exécution du budget, une gestion prudente de la dette publique ;*

- *poursuivre les efforts de diversification et de transformation de leurs économies en réformant l'environnement des affaires et en encourageant le développement du secteur privé ;*

- *Mettre fin progressivement au financement monétaire des déficits publics et prendre des mesures pour dynamiser le marché monétaire ;*

- *Réduire progressivement la dépendance économique vis-à-vis des l'extérieur, notamment pour des pays comme le Gabon dont les importations alimentaires atteignent plus de 300 milliards de FCFA par an.*

Il convient enfin, pour les États de diversifier leurs offres de titres publics en couplant les opérations à court terme et celles à plus long terme, de même que des instruments spécifiques pouvant servir à l'investissement. Les États sont d'ailleurs encouragés à recourir au marché financier dans le cadre de la mise en œuvre des projets d'intégration (infrastructures, Énergie, Transport, Etc.). L'objectif est de parvenir à structurer une offre de ressources à long terme et construire progressivement une courbe de taux.

✓ Encourager l'ouverture au public du capital des sociétés privées

Le cadre réglementaire actuel du marché financier prévoit des dispositions fiscales avantageuses pour les entreprises ayant recours au marché financier régional. Deux textes ont été adoptés pour consacrer des exonérations d'impôt sur les sociétés et d'impôts sur le revenu des valeurs mobilières, les entreprises qui ouvrent leur capital au public. Ces dispositions méritent d'être vulgarisées auprès du secteur privé afin d'inciter les entreprises de la zone CEMAC à recourir de plus en plus au marché financier.

Par ailleurs, le cadre des opérations de privatisations, il serait nécessaire que l'ouverture au public du capital des entreprises privatisées soit systématique, et effectuée par le biais du marché financier. C'est un moyen de permettre à la population de s'approprier partiellement une partie de ces entreprises.

- ✓ Diversifier les produits offerts aux investisseurs.

Le volume des titres offerts sur le marché est relativement faible et du reste peu diversifié. De plus, plusieurs investisseurs institutionnels comme les banques préfèrent détenir par-devers eux les titres émis, jusqu'à leur maturité. Ce comportement, s'il est rationnel, affecte les performances du marché secondaire et réduit la liquidité du marché financier.

Il apparaît par conséquent nécessaire de diversifier les produits afin d'amener les investisseurs qui les détiennent à rechercher la performance plutôt que la sécurité comme cela se passe aujourd'hui. Dans le but d'assurer la profondeur du marché, il est opportun d'élargir progressivement la gamme des produits et les maturités proposées.

- ✓ Renforcer la qualité des intermédiaires du marché

La qualité, le professionnalisme et le dynamisme des intermédiaires du marché sont un gage de performance pour celui-ci. Le rôle de ces acteurs est nécessaire à la fois pour améliorer la qualité des produits offerts, mais aussi pour animer le second marché. Il convient de ce fait de mettre l'accent sur les actions suivantes :

- *Mise en place d'un processus de certification pour les intermédiaires bénéficiant d'un agrément ;*

- *mise en place d'une politique des contrats de liquidité au-delà de l'exigence faite aux émetteurs de mettre en place des mécanismes de liquidité à l'occasion de l'introduction de leurs titres à la cote ;*

- *renforcement du contrôle de ces intermédiaires par le régulateur.*

✓ La titrisation de la dette publique intérieure.

Du fait de l'évolution défavorable des cours des matières premières observée ces dernières années, plusieurs pays de la CEMAC ont vu s'accumuler des instances relativement importantes de la dette intérieure. Un pays comme le Gabon a dû procéder à un audit de ces instances en vue d'arrêter le niveau réel de cette dette et procéder à un plan d'apurement. Les pays de la CEMAC doivent utiliser cette situation pour procéder à la titrisation de cette dette. Cela aura pour effet de faire financer par le public le montant intégral de cette dette, injecter immédiatement des liquidités en faveur des entreprises, relancer l'investissement privé.

✓ Des mesures en faveur de l'introduction des PME sur le marché

Les PME constituent l'essentiel du tissu économique de la sous-région. Or, elles sont privées d'accès à de nombreux canaux de financement et ne remplissent pas les conditions d'accès à un financement par le marché. Cette exclusion trouve ses origines aussi bien dans la structuration juridique, administrative et financière de ces entités que dans les exigences essentielles de transparence, de bonne gouvernance et de disponibilité de l'information.

L'adaptation des conditions d'accès des PME au marché vise à amener les PME les plus performantes de la zone à la cote de la bourse. Un marché dédié s'articulera autour des points suivants :

- *Exigibilité non soumise ni aux résultats bénéficiaires ni à la distribution antérieure des dividendes ;*

- *Mais à la production d'un business plan approuvé par le Conseil d'Administration et soumis au CAC qui montre que le recours au marché financier engendre des bénéfices dès l'année de l'introduction en bourse de la PME ;*

- *Exigence d'un sponsor (capacité d'analyse de risque) capable de s'engager à ce que la PME remplisse ses obligations de transparence et d'information ;*

- *Incitation à la création d'un fonds de garantie dédié aux PME ;*

- *Incitation à la création des fonds de capital-risque, des fonds de capital investissement, etc.*

Action 3 : améliorer la demande de titres financiers

✓ Le développement du marché financier nécessitera de structurer une demande forte pour les produits financiers existants. À ce titre, il sera nécessaire de promouvoir la culture boursière au sein de la sous-région et particulièrement auprès des ménages, d'élargir la base des investisseurs et d'organisation une campagne de promotion de la bourse à l'échelle sous régionale.

- *La promotion de la culture boursière dans la sous-région est nécessaire pour vaincre les barrières culturelles et amener les ménages et les entreprises à intégrer les produits boursiers dans leurs objectifs de placement à court et à moyen terme.*

- *À ce titre, il est nécessaire de mener des actions de promotion de la bourse à l'échelle de la région. Ces actions viseront notamment l'amélioration et le développement des connaissances d'épargnants en matière financières. Les autorités de régulation du marché financier ont déjà par le passé mené un certain nombre d'actions dans ce sens. Il sera nécessaire de les amplifier et d'impliquer les États dans leur financement.*

- *Institutionnalisation de la semaine du marché financier de la CEMAC. Au cours de cette semaine, dans chaque capitale, convier tous les acteurs du marché financier afin de développer une forte action de. Le but est de rendre le marché financier visible grâce au message ciblé du régulateur, de l'entreprise de marché et des sociétés de bourse.*

- *Journées portes ouvertes pour permettre au public de visiter les locaux de la Bourse et de comprendre son fonctionnement. Une compagne publicitaire nationale utilisant les médias populaires (TV, radio, journaux à grand tirage) pour parler de la bourse relayée par une présence sur le terrain de formateurs dans toutes les villes-capitales des pays de la CEMAC ;*

- *Édition des outils pédagogiques expliquant les mécanismes boursiers mis à la disposition du public et diffusés gratuitement, notamment à travers les sites des*

Bourses et des autorités de régulations. Les thèmes abordés pourront comprendre la réglementation du marché financier, les notions de rentabilité, de risque, de diversification, de gestion de portefeuille, de catégories de valeurs mobilières, de fiscalité.

- *Un travail de coopération avec le milieu scolaire et universitaire pour initier les élèves et étudiants aux concepts de la bourse à travers notamment les jeux de stimulation ou la gestion d'un portefeuille virtuel.*

✓ Élargissement de la base des investisseurs

Comme nous l'avons vu dans le cadre du bilan des opérations financières, le marché devra éviter toute situation de dépendance à des sources de financement captives. Cette situation est déjà observée en ce qui concerne les banques commerciales qui représentent plus de 70 % des souscripteurs. Une telle situation est défavorable aux émetteurs. C'est pour cela qu'il sera utile pour les autorités du marché, de diversifier l'offre des investisseurs.

✓ Encourager les investisseurs étrangers

Les investisseurs étrangers constituent une source très importante pour la demande des titres sur le marché financier de la CEMAC. Ces investisseurs peuvent comprendre les investisseurs institutionnels tels que les banques de développement (BAD, SFI, AFD...), mais aussi les fonds d'investissement, les Hedge Fund, les fonds de pension et autres investisseurs spécialisés.

La participation de ces investisseurs aux opérations du marché financier de la CEMAC devrait impacter qualitativement celui — ci du fait des exigences de ce type d'investisseurs. Il convient par conséquent de promouvoir le marché financier auprès de ces entités et de renforcer les règles de gouvernance pour attirer de nouveaux souscripteurs.

CHAPITRE TROISIÈME

Redynamiser le secteur bancaire

REDYNAMISER LE SECTEUR BANCAIRE

Même s'il est géré globalement de manière correcte, le secteur bancaire apparaît globalement peu performant quand on le compare aux autres sous-régions. Peu de champions régionaux, hormis les exemples de BGFI BANK (Gabon) et de AFRILAND FIRST BANK (Cameroun), qui peinent d'ailleurs à asseoir leur emprise dans toute la région, préférant se déployer dans les autres sous-régions. De même, la surliquidité structurelle du système bancaire régional, loin d'être une performance, traduit plutôt l'incapacité de mettre en place des produits adéquats pour répondre à l'important besoin de financement sous régional. Les actions que nos recommandations sont les suivantes :

Action 1 : lever les contraintes administratives qui freinent l'implantation transfrontalière des banques dans la sous-région. BGFI et AFRILAND FIRST BANK ont mis des années pour obtenir l'agrément en vue de s'implanter respectivement à Douala et Libreville ;

Action 2 : améliorer l'inclusion financière à travers d'une part, une politique d'expansion des banques y compris auprès aux revenus modestes. ECOBANK Gabon l'a fait en implantant une de ses agences les plus rentables dans le principal marché populaire du Gabon. Les États devraient également systématiser les paiements de salaires des fonctionnaires, vers des comptes ouverts dans les banques.

Action 3 : Encourager l'ouverture du secteur à travers l'accès au capital des banques existantes, des structures financières de référence, et d'autre, part, encourager l'implantation de nouvelles banques ;

Action 4 : promouvoir et faciliter l'installation des fonds et banques d'investissements, en prenant des mesures fiscales ou domaniales incitatives comme l'a fait le Maroc ;

Action 5 : Dynamiser le marché interbancaire, au besoin en nouant des partenariats avec les autres places bancaires comme l'UEMOA ou l'Afrique du Nord. Les Banques d'Afrique centrale sont sur liquides, du fait de la nature de l'économie de la région. Les banques doivent par conséquent développer leurs compétences pour la gestion interne et externe de cette trésorerie abondante ;

Action 6 : diversifier le portefeuille des réserves de changes, conformément au mandat dévolu à la BEAC. Cette dernière devrait sortir de plus en plus du confort offert par le partenariat avec la banque de France, pour mettre en place une politique de diversification de ses réserves de change.

Action 7 : mettre en application le règlement de change de la CEMAC, qui certes garantit la libre transférabilité les bénéfices, mais oblige les entreprises, exportatrices à loger les revenus de leurs exportations dans le secteur bancaire sous régional

CHAPITRE QUATRIÈME

Dynamiser le secteur des assurances

DYNAMISER LE SECTEUR DES ASSURANCES

Action 1 : Développer l'épargne contractuelle

L'épargne contractuelle est constituée des pensions des travailleurs, des ressources de sécurité sociale ainsi que des assurances. Ce sont des sources de financement stables et de long terme.

Beaucoup de pays de la zone CEMAC se sont engagés ces derniers temps dans d'importantes réformes sur les pensions, la sécurité sociale, et l'assurance maladie. Il convient à ce titre de faire en sorte que les structures qui gèrent cette épargne contractuelle puisent utiliser le marché financier comme un moyen de placement de leurs ressources.

Le cas des sociétés d'assurance mérite d'être abordé. En effet, quand on regarde la participation des sociétés d'assurance au marché financier, nous constatons qu'elle est largement en deçà du potentiel de ces sociétés. Il convient d'examiner par conséquent de mettre en place un cadre favorable pour permettre à ces sociétés de souscrire véritablement aux opérations du marché financier.

Action 2 : Favoriser le développement des fonds d'investissement collectifs

Les fonds d'investissement collectifs tels que les fonds communs de placement peuvent jouer un rôle important dans le développement du marché financier. Ils peuvent servir comme source alternative de fonds autre que les dépôts des banques, ce qui génèrerait plus de compétition. Il paraît nécessaire pour le marché d'encourager la mise en place de ces instruments (OPCVM), mais également de permettre progressivement aux organismes placés en dehors de la zone CEMAC de participer au marché.

Action 3 : Mettre en application la carte rose CEMAC

CHAPITRE CINQUIÈME

Accroitre la stabilité de la zone et combattre les risques.

ACCROITRE LA STABILITÉ DE LA ZONE ET COMBATTRE LES RISQUES

Les pays de la CEMAC doivent mettre l'accent également sur la stabilité macro-économique et budgétaire de la zone et se prévenir contre les chocs. Les actions préconisées sont les suivantes.

Action 1 : poursuivre et étendre le mécanisme de surveillance multilatérale

Action 2 : créer un fonds de stabilisation de la zone CEMAC, constituée d'une partie des réserves constituées par les États.

CHAPITRE SIXIÈME

Améliorer la gouvernance des États de la zone CEMAC.

AMÉLIORER LA GOUVERNANCE DES ÉTATS DE LA ZONE CEMAC

Pour que la CEMAC soit une zone qui attire les capitaux étrangers et les acteurs du monde financier, mais surtout, en vue de concourir à asseoir la confiance des investisseurs, il est important que ses États se mettent à niveau e matière de gouvernance. Or, les États de la région sont très mal classés en ce qui concerne la gouvernance, qu'il s'agisse du rapport *Doing Business* de la Banque mondiale ou de l'Indice Mo Ibrahim. Il pourrait être envisagé les actions correctives suivantes :

Action 1 : Mettre en place au sein de la CEMAC, un groupe qui suit les progrès des différents pays en matière de gouvernance et reporte aux chefs d'État.

Action 2 : créer une agence de notation sous régionale, comme cela a été le cas au niveau de l'UEMOA.

CONCLUSION

Malgré un processus d'intégration démarré dès le lendemain de l'accession de ses États membres à la souveraineté internationale, les résultats de la CEMAC en termes d'intégration financière ont été très mitigés.

La CEMAC se présente aujourd'hui comme une région dotée d'atouts importants pour favoriser le développement de son secteur financier, au nombre desquelles : l'appartenance à une union monétaire unique, l'existence d'une banque centrale unique qui conduit la politique monétaire commune, la garantie de convertibilité extérieure du FCFA qui bénéficie d'une parité fixe avec l'euro, l'existence d'un cadre juridique important dans les domaines financiers et d'institutions financières bénéficiant de mandats régionaux, en plus des atouts économiques indéniables dont bénéficie cette zone.

Notre étude a permis d'observer toutefois que malgré ces avantages, le secteur financier de la CEMAC reste embryonnaire, peu dynamique, peu diversifié et sous performant, surtout quand on le compare aux systèmes financiers des autres zones économiques. Ces contreperformances semblent s'expliquer par une intégration économique peu aboutie, des querelles de leadership dans la sous-région, le faible dynamisme des opérations transfrontalières, les problèmes liés à la gouvernance.

Nous ne pensons que la zone CEMAC à un potentiel très important de développement, pourvu que des mesures idoines soient prises. C'est pourquoi, tirant les leçons à la fois des contraintes propres à la CEMAC, mais aussi des leçons apprises des autres processus d'intégration au niveau international, la présente étude propose un Plan de développement des services financiers de la sous-région, en 6 axes et 21 actions, dont la mise en œuvre pourrait permettre à cette zone économique d'essayer de converger vers les zones monétaires et financières concurrentes africaines qui font l'objet d'un très grand dynamise.

Pour terminer, nous nous permettons toutefois de mettre en lumière le fait que dans un monde de plus en plus globalisé où les hommes, les marchandises, les ordres financiers circulent à une vitesse inconnue jusqu'ici, il est important que les États se retrouvent autour de grands ensembles afin de bénéficier d'économies d'échelles, pour mieux faire face à la concurrence. Au vu de sa position géographique centrale et de son histoire commune avec des zones apparentées comme la zone UEMOA avec laquelle elle forme la zone FRANC, ou des pays comme la RDC, le Rwanda ou l'Angola, avec lesquels elle coopère déjà dans le cadre de la CEEAC (hormis l'Angola qui en fut pourtant membre), la CEMAC ne devrait-elle pas jouer le jeu d'une plus grande coopération, en vue démultiplier les actions qu'elle mène en faveur du développement économique et social de la population ?

BIBLIOGRAPHIE

Banque Africaine de Développement « Intégration Du Secteur Financier Dans Trois Régions d'Afrique, Comment l'Intégration Régionale Peut Soutenir La Croissance, Le Développement Et La Réduction De La Pauvreté », Rapport 2010.

Banque de France (2014), « l'Évolution Economique Et Financière Dans Les Pays De La Zone Franc, l'Évolution De La Situation Économique Et Financière De La Zone CEMAC », rapport annuel de la zone Franc, www.bdf.org

Banque de France, (2014), « La Politique Et Les Agrégats Monétaires Dans Les Zones d'Émission Africaines, La Politique Et Les Agrégats Monétaires De La CEMAC », rapport annuel de la zone FRANC, www.bdf.org

Cabinet Roland Berger (2016), « Étude Sur Le Potentiel Du Marché Financier Régional De l'Afrique Centrale Et Mesures d'Accompagnement ».

Banque Centrale des États de l'Afrique Centrale (2012), « Le Financement Des Économies De La CEMAC : Bilan Et Principaux Enseignements De La Conférence De Libreville », Banque de France, Rapport annuel

COLLIER Paul (2012) « Deepning Financial Markets in Francophone West Africa », working papers / FERDI

Commission de surveillance du marché financier de l'Afrique Centrale, (septembre 2009), « Comment Développer Le Marché Financier En Afrique Centrale ? », www.cosumaf.org

FINAFRIQUE RESEARCH (2015) « Performances Bancaires Dans Les Zones CEMAC et UEMOA », www.finafrique.com

GUÉRINEAU Samuel et Sylviane Guillaumont (2013) « Intégration Monétaire et Financière en Zone UEMOA : Bilan Et Perspectives », FERDI

GUÉRINEAU Samuel et Sylviane GUILLAUMONT (2014) « Renforcer l'Intégration Monétaire, Financière et Budgétaire

Dans La CEMAC : Bilan et Perspectives », Conférence régionale organisée par la CEMAC et la FERDI

JACQUET Pierre, POLLIN Jean Paul (2012), « Systèmes Financiers et Croissance », revue d'économie financière, 2/2012 N° 106, P 77-110

JAKOB Christensen, GULDE Anne Marie et PATTILLO Catherine (2006), « la mise en place de systèmes financiers se heurte à de nombreux obstacles en Afrique », finances et développement, décembre 2006, www.imf.org

JEDLANE Nabil, SAÏDANE Dhafer (2013), « Intégration Financière et Gouvernance Régionale en Afrique du Nord : leçons et scenarios », technique financières et développement 2013/2 (N° 111) PP 75-87

KEMPF Hubert et LANTERI Marc (2008), « La Gouvernance des Banques Centrales Dans Les Pays Émergents Et En Développement : Le Cas de l'Afrique Subsaharienne », Bulletin de la Banque de France, N° 171, mars 2008.

LEROUEIL Jacques (2014) « l'Afrique Centrale Mauvaise Élève de l'Intégration Financière », Financialafrik, www.financialafrik.com

RAMOS TAMOS Julio (2011), « liens entre les flux de capitaux et le développement financier : une revue de la littérature », Bulletin de la Banque de France, N° 184, 2e trimestre

Rapport Annuel BEAC 2013

Rapport Annuel CIMA 2014

Rapport 2016 CEA/BAD/UA Indice De l'Intégration Régionale En Afrique,

Rapport COBAC 2015

Rapport du forum sur le développement du marché financier de l'Afrique centrale (2016), Commission de surveillance des marchés financiers de l'Afrique centrale (COSUMAF), www.cosumaf.org

Revue PROPARCO, Secteur privé et développement (mai 2013), « Évolution Du Secteur Bancaire Africain : Nouveaux Acteurs, Nouveaux Modèles » N° 16.

Revue PROPARCO Secteur privé et développement (2016), « l'Assurance En Afrique : Un Futur à Construire », n° 25.

SY Amadou N.R. (2006), « Financial Integration In The West African Economic And Monetary Union », Working paper, www.imf.org

SY Amadou N. R. (2014) « Réussir l'Intégration Financière En Afrique/Four Instruments To Strengthen Financial Integration », conférence organisée par la Banque de France et la FERDI.

ANNEXES

ANNEXE 1 : ÉVOLUTION DU PIB DE LA SOUS-RÉGION

PIB Nominal

	2004	2005	2006	2007	2008	2009	2010	2011	2012	2013	2014
Cameroun	8333,9	8749,6	9387,2	9908,0	11064,6	11289,3	11699,7	12545,6	13514,7	14607,5	15718,2
RCA	688,6	750,0	816,8	860,2	945,9	999,7	1054,8	1124,2	1207,8	737,2	834,3
Congo	2315,1	3155,0	3893,8	3645,0	4648,9	4123,0	6141,0	7062,0	7064,4	6869,0	6888,2
Gabon	3870,4	4648,8	5122,1	5478,1	6454,2	5130,8	7370,5	8866,3	9094,4	9351,9	9396,1
Guinée Équatoriale	2522,3	3800,7	4457,9	5195,7	7332,4	5252,0	6848,9	8685,4	10110,9	9022,0	8501,8
Tchad	1732,3	3100,7	3428,6	3454,2	3735,0	3407,7	5669,3	5783,8	7096,5	7312,6	7602,5
CEMAC	19462,5	24204,9	27106,3	28541,3	34181,0	30202,5	38784,1	44067,3	48088,7	47900,1	48941,1

Source : BEAC

ANNEXE 2 : ÉVOLUTION DU TAUX DE CROISSANCE RÉEL DE LA SOUS-RÉGION CEMAC

Taux de croissance réel

(en pourcentage)

	2004	2005	2006	2007	2008	2009	2010	2011	2012	2013	2014
Cameroun	3,7	2,3	3,2	4,0	3,7	2,1	3,3	4,1	4,6	5,6	6,3
RCA	3,5	3,0	4,3	3,6	2,0	1,4	2,9	3,3	3,9	-37,8	0,5
Congo	3,7	7,1	7,0	-2,5	5,2	6,7	8,7	3,4	3,8	3,3	5,2
Gabon	1,4	3,0	1,3	0,9	2,2	-1,1	6,4	7,0	5,0	6,3	4,2
Guinée Équatoriale	32,6	8,9	5,3	24,0	20,8	19,0	-2,5	4,3	10,2	-8,0	0,5
Tchad	33,7	8,6	0,8	2,6	-2,1	1,7	12,7	0,9	7,8	4,8	6,3
CEMAC	6,6	3,7	3,2	4,2	4,4	3,4	4,8	4,1	6,0	1,7	4,7

Source : BEAC

ANNEXE 3 : DISCOURS-PROGRAMME DU PRÉSIDENT DE LA COMMISSION DE LA CEMAC AU PARLEMENT COMMUNAUTAIRE A MALABO, LE 02 MARS 2018

Monsieur le Président du Parlement de la CEMAC ; Honorables Députés ;

Messieurs les Ministres ;

Messieurs les Représentants du Corps Diplomatique ;

Chers Invités, Mesdames et Messieurs ;

C'est pour moi un immense plaisir et un agréable devoir de prendre la parole à l'occasion de cette première rencontre avec vous, Honorables représentants des populations de nos six États à ce Parlement Communautaire.

Je tiens à remercier le Président ainsi que tous les membres du Parlement pour l'accueil qu'ils m'ont réservé ainsi qu'à la délégation qui m'accompagne.

Tout en saluant votre dévouement aux idéaux de l'intégration régionale, je me réjouis de la perspective de collaborer aussi étroitement avec le Parlement et je pense que nos premiers contacts augurent d'un bel avenir.

En cette circonstance solennelle conforme aux dispositions de l'Article 14 de la Convention communautaire, je voudrais vous exprimer toute la fierté que j'éprouve en me retrouvant du haut de cette tribune pour tracer les grandes lignes de mon action au cours des cinq prochaines années.

Avant de poursuivre mon propos, je voudrais profiter de cette tribune, pour exprimer au Peuple frère équato-guinéen ainsi qu'au Gouvernement de la République de Guinée Équatoriale, toute notre gratitude, pour l'hospitalité qu'ils n'ont cessé de manifester à l'endroit des Institutions Communautaires. Ces égards témoignent de l'importance que les Plus Hautes Autorités accordent à la Commission de la CEMAC et au Parlement Communautaire comme maillons essentiels de notre intégration sous régionale.

Je ne manquerais pas à un devoir, celui d'exprimer solennellement à Son Excellence

Teodoro OBIANG NGUEMA MBASOGO, la reconnaissance infinie de toutes les Institutions de la CEMAC pour sa constante sollicitude, son implication personnelle et constante dans la marche de la Communauté.

Au-delà des obligations conventionnelles, ma présence ici ce jour marque l'expression de la solidarité et du soutien sans faille du Gouvernement de la CEMAC, face à la tentative de déstabilisation des Institutions dont a été victime la Guinée Équatoriale en décembre dernier.

Ces évènements malheureux, c'est ma conviction, ne sauraient détourner le Président Teodoro OBIANG NGUEMA MBASOGO, de sa détermination à affermir et à préserver les acquis du processus d'intégration régionale dans un contexte de sécurité renforcée de nos frontières.

Soyez assuré que la mise en œuvre des mesures d'accompagnement de la libre circulation notamment la sécurisation des frontières figure au rang des priorités immédiates de mon action.

Qu'il me soit également permis d'exprimer toute l'admiration que m'inspire l'action remarquable que mon prédécesseur, Monsieur Pierre Moussa, a menée pendant les cinq dernières années à la tête de la Commission de la CEMAC dans des conditions difficiles et de le remercier pour son amitié.

Monsieur le Président ; Honorables Députés ;

De ma carrière d'universitaire et à la suite des responsabilités politiques que j'ai assumées dans mon pays, le Gabon, je me suis fait une conviction solide à savoir que les pays de sous-région, pris individuellement, ne sont pas économiquement viables pour garantir l'émergence de nos économies.

Je reste convaincu que la coopération économique et l'intégration régionale représentent de puissants instruments propres à renforcer la compétitivité et à éviter la marginalisation de nos pays dans le contexte de la mondialisation.

Vous comprenez donc mes profondes et respectueuses gratitudes en l'endroit des Chefs d'État de la CEMAC qui m'ont fait confiance pour présider aux destinées de la Commission.

Naturellement les commissaires qui m'accompagnent se joignent à moi pour exprimer leurs remerciements aux Chefs d'État pour leur nomination au Gouvernement de la Commission.

L'occasion m'est offerte pour exprimer ma profonde gratitude au Président de la République Gabonaise, Son Excellence Ali BONGO ONDIMBA, qui après avoir fait de moi son Premier Ministre pendant trois ans, a jugé digne de présenter ma candidature à ses pairs pour occuper les prestigieuses fonctions de Président de la Commission de la CEMAC.

Excellence, Mesdames et Messieurs ;

L'intégration demeure la grande priorité de nos États.

Elle a été toujours au centre des préoccupations des hommes politiques de notre sous-région.

Qu'il me soit permis de rappeler et de louer l'anticipation dont ont fait montre les pères fondateurs de l'UDEAC et dont la flamme pour l'intégration en Afrique centrale a été maintenue par leurs illustres successeurs.

C'est pourquoi, en dépit d'énormes richesses dont regorgent nos pays, ils ont compris que seuls, nos États ne réunissaient pas toutes les conditions pour asseoir la prospérité de leurs populations.

Ils ont compris très tôt les bienfaits qu'apporterait à leur indépendance économique, la création d'une union économique.

En effet, notre prospérité et l'émergence projetée de nos pays sont conditionnées par notre capacité à promouvoir et à consolider les échanges dans le cadre d'un marché régional.

Monsieur le Président ; Honorables Députés ;

Le Gouvernement de la Commission vient de prendre ses fonctions dans un contexte particulièrement difficile.

Sur le plan économique, les effets récessifs de la chute des prix du pétrole intervenue en 2014 ont mis en relief les lacunes structurelles dont souffrent les pays de la CEMAC.

Dépendante des matières premières, faiblement diversifiée, la zone CEMAC a enregistré depuis 2014, une décélération continue de la croissance économique. Certains pays sont entrés en récession.

Le défi sécuritaire avec les coûts qu'il engendre, a contribué à détériorer de manière significative les déficits budgétaires et les comptes extérieurs.

Cette situation préjudiciable pour la solidité de la monnaie commune, a contraint les États à adopter des réformes structurelles tendant à renforcer la gestion budgétaire, à lutter contre la corruption, à améliorer l'environnement des affaires et à réduire les déséquilibres macro-économiques.

Sur le plan sécuritaire, malgré les efforts déployés par les États, les groupes terroristes notamment BOKO HARAM continuent de menacer la sécurité du Cameroun et du Tchad.

En Centrafrique, en dépit de l'accalmie à Bangui, la persistance de tensions à l'intérieur de la RCA, s'est traduite par de milliers de déplacés. La situation, à en juger par le renforcement récent des effectifs de la MINUSCA, est loin d'être stabilisée.

Dans le pays qui nous offre ce jour l'hospitalité et comme je l'ai indiqué au début de mon intervention, une tentative de déstabilisation des institutions a été fort heureusement déjouée.

Cette instabilité a malheureusement amplifié dans notre région, ce sentiment d'insécurité sujet aux réflexes de repli sur soi, préjudiciable à l'approfondissement de l'intégration.

En somme, la CEMAC fait face à des défis majeurs, défi sécuritaire, défi économique qui imposent à la Commission la mise en œuvre de réponses appropriées, en appui aux réformes structurelles engagées par les États.

Monsieur le Président ; Honorables Députés ;

Messieurs les Ministres ;

Chers Invités, Mesdames et Messieurs ;

Nous prenons nos fonctions au lendemain de la décision historique de la libre circulation des biens et des personnes dans notre zone.

Quinze ans que la mise en œuvre de cette décision était attendue !

La CEMAC s'est fixé pour ambition, il faut le rappeler, de devenir à l'horizon 2025, un espace économique intégré, émergent où règnent la sécurité et la bonne gouvernance au service du développement.

Cette mesure ouvre donc à notre zone des perspectives d'accélération de notre marche vers le marché commun.

Les nombreux défis susrappelés, dont celui d'offrir des emplois à la jeunesse qui constitue plus de 50 % de la population de la zone, orientent indubitablement les actions des Gouvernants sur la valorisation durable des matières premières et partant, sur la diversification de l'économie.

Nous reconnaissons tous que les résultats obtenus dans le processus de l'intégration dans la zone CEMAC ne sont, ni à la hauteur des enjeux dans le contexte actuel de la mondialisation, ni suffisamment perceptibles dans le vécu quotidien des populations de l'Afrique centrale.

Il est indéniable qu'avec moins de 3 % d'échanges intracommunautaires et de nombreux obstacles physiques et réglementaires à la libre circulation des biens, des services, des capitaux et des personnes, les économies de la zone CEMAC demeurent fortement cloisonnées.

Contrairement aux autres Communautés Économiques Régionales, la CEMAC peine à s'affirmer, au travers des actions visibles et en adéquation avec les attentes des citoyens.

Face à l'étroitesse des marchés nationaux, nous n'avons pas d'autre choix que de nous unir pour donner des perspectives prometteuses à la diversification des activités économiques ?

Repenser la gouvernance et surtout rendre plus efficaces nos interventions communautaires pour accélérer l'intégration régionale, tel sera le leitmotiv du mandat de la Commission.

Monsieur le Président ; Honorables Députés ;

Le nouveau Gouvernement de la Commission va avoir pour tâche principale, l'implémentation de la 2e phase 2017-2021 du Programme Économique Régional (PER) dans la suite du Plan Opérationnel 2010-2015 qui, malheureusement, n'a pas fait l'objet d'une mise en œuvre suffisante.

Et pour cause, une conjoncture sécuritaire défavorable conjuguée à l'insuffisance des ressources de la CEMAC, ont fortement contrarié les priorités au rang desquelles, l'instauration d'un espace physique intégré, le développement du capital humain, pour ne citer que ceux-là.

Cette mise en œuvre opérationnelle moyenne du PER a conduit à une reformulation des priorités, objet de la 2e phase sus-indiquée et portant sur 13 projets identifiés principalement dans le domaine des infrastructures de transport.

Au cours du mandat que nous venons d'entamer, la Commission se focalisera sur quelques projets Quick Wins, nécessitant peu de ressources financières, rapides à mettre en œuvre et ayant un impact visible sur le développement communautaire.

Nous osons ainsi espérer une avancée décisive de la CEMAC par le renforcement de l'intégration physique et l'accélération de l'intégration commerciale.

Il s'agit là des deux missions principales du Plan Opérationnel 2017-2021 auxquelles sont attachés 5 axes stratégiques et 13 projets phares qui devraient contribuer à accélérer la diversification économique et la création d'emplois.

· Le développement des échanges commerciaux intracommunautaires, qui n'est pas suffisant à l'heure actuelle, devrait être dopé par l'intégration physique et la facilitation des transports.

· Dans le domaine de l'électricité, grâce à une production électrique plus importante, ce sont 5 millions de personnes supplémentaires qui auront accès à l'électricité. Dans ce sens, la Commission ne peut qu'encourager les États dans les réformes sectorielles en cours ou envisagées pour améliorer l'offre d'énergie et l'accès des populations à ce service essentiel.

La Conférence des Chefs d'État tenue à N'Djamena le 31 octobre dernier a donné une impulsion à ces aspects en adoptant la politique Énergétique et la Politique Communautaire des Transports en Afrique Centrale à l'horizon 2035.

Ces politiques je rappelle, visent à doter la sous-région d'infrastructures énergétiques fiables, efficaces et capables d'assurer son intégration physique.

Monsieur le Président ;

Mesdames, Messieurs ;

Les NTIC représentent aujourd'hui un facteur d'accélération de la croissance et un véhicule majeur d'inclusion de la création de richesse dans nos pays.

· Par la mise en place et le développement des infrastructures numériques, il est attendu une réduction drastique des coûts d'accès d'internet et une augmentation des flux de communication téléphonique.

· En sus des initiatives prises par les États dans ce domaine, la Commission va engager en relation avec les autorités compétentes nationales, le processus de création d'un réseau unique téléphonique de la CEMAC.

Au titre de la mission du PER relative à l'accélération de l'intégration commerciale, les axes suivants, je cite, la facilitation de la libre circulation, le développement du capital humain et l'accélération de la diversification économique, représentent des axes majeurs sur la base desquels va reposer l'action de la Commission au cours des cinq prochaines années.

Au total, le coût du plan opérationnel 2017-2021 de PER est évalué à près de 1000 milliards de FCFA.

La mobilisation de son financement constitue un défi majeur et une des conditions essentielles de succès du PER.

C'est à ce niveau que je perçois les risques auxquels la réalisation de cette seconde phase du PER serait confrontée.

C'est pourquoi, outre la nécessaire volonté politique qui devra se traduire par la transposition au niveau des législations nationales des projets du PER, il apparaît évident que le secteur privé, à travers des PPP, devrait être associé et impliqué pour être l'acteur majeur de mise en œuvre du PER.

Pour cela, il faut leur offrir, un cadre macro-économique assaini, un cadre des affaires amélioré et des ressources humaines qualifiées et disponibles.

C'est à cette fin que la Commission lancera dès cette année le processus de préparation et d'adoption d'une directive communautaire sur le cadre législatif des PPP en zone CEMAC.

Plus généralement, il faut se donner les moyens de notre politique.

Dans cet ordre d'idées, je viens de vous rappeler la nécessité de mobiliser le secteur privé local, les investisseurs étrangers et aussi les partenaires au développement.

Les domaines concernés par le PER sont ceux qui intéressent les investisseurs privés, surtout dans l'environnement actuel marqué par l'amoindrissement des capacités d'intervention de l'État.

Comme alternative durable et inclusive pour relancer et diversifier les sources de la croissance, nos espoirs ici se fondent sur les énormes potentialités de développement qu'offrent les interventions du secteur privé.

Mais avant que de faire appel à l'extérieur, la meilleure manière de rendre attractif le PER, c'est d'une part, affirmer notre volonté commune de bâtir un espace d'économies intégrées, mais aussi mobiliser le principal instrument de financement communautaire qu'est la Taxe Communautaire d'Intégration (TCI).

Pour rappel, les Chefs d'État, conscients de la nécessité de garantir un financement pérenne des institutions communautaires et des projets intégrateurs, ont décidé de changer de mode de perception de la TCI de manière à la déconnecter de Trésors nationaux.

Notre ambition n'est tenable qu'à la condition de disposer des moyens financiers dédiés à la mise en œuvre des phases opérationnelles du PER.

Que vaudraient toutes nos intentions et nos programmes d'actions si leur mise en œuvre est sans cesse bridée, voire annihilée par les limites de nos moyens de financement ?

Améliorer les performances de la TCI, voilà un chantier qui retiendra toute notre attention dès cette première année de notre mandat.

Cette démarche ira de pair avec l'amélioration de la gouvernance aussi bien au sein de la Commission que des Institutions de la Communauté.

Après des années d'errance, le temps est venu de restaurer les capacités opérationnelles de la Commission.

Cette perspective est intimement liée au règlement durable de la crise au pays de siège de la Commission de la CEMAC.

Comme vous le savez, cette crise a sérieusement entamé les capacités opérationnelles des services. Elle est à l'origine de la faible performance dans la mise en œuvre des projets financés par les bailleurs et des coûts exorbitants ayant obéré le budget de la Commission.

Malgré ce contexte instable, nous saluons et louons les efforts que le Président de la République Centrafricaine, Son Excellence Pr Archange TOUADERA, déploie pour assurer la sécurité et l'installation définitive de la Commission à Bangui.

Aussi, nous concentrerons nos efforts à la remobilisation des hommes et des femmes de la Commission. Non sans placer l'assainissement des services en vue de réduire les charges de fonctionnement au rang des priorités de l'action du Gouvernement de la Commission.

Dans cette optique, nous sommes appelés également à porter une attention toute particulière sur le renforcement organisationnel et des capacités de la Commission de la CEMAC avec l'appui de nos partenaires.

Nous devons orienter les ressources vers davantage le financement des projets intégrateurs que le fonctionnement des institutions et organes. Les dépenses doivent être plus que jamais efficaces et être compatibles avec les ressources limitées.

Cette exigence nous concerne tous : Commission, mais également les autres Institutions, Organes et Agences d'exécution de la Communauté.

Il faut donner du sens au Fonds de Développement Communautaire (FODEC).

Au titre du budget 2018 de la Communauté, le FODEC va être redynamisé. Ceci a été rendu possible par la clarification des procédures dédiées avec la Banque des

États de l'Afrique Centrale et la Banque de Développement des États de l'Afrique Centrale.

Ainsi, les ressources déjà disponibles seront consacrées à la poursuite et la réalisation de projets dans le domaine des infrastructures et aussi dans le volet relatif au renforcement des capacités.

Monsieur le Président,

Mesdames, Messieurs,

La situation sus-rappelée soulève une autre préoccupation majeure qui interpelle aussi bien la Commission que le Parlement. C'est celle de l'architecture des institutions de la Communauté.

Il nous faut nous interroger sur l'efficacité du dispositif actuel et la compatibilité des charges qu'il induit avec le financement communautaire.

Comme vous le savez sans doute, le fonctionnement de notre Communauté affiche quelques signes de faiblesse déjà apparents depuis quelques années.

Nous nous félicitons de la priorité accrue que la Conférence des Chefs d'États de la CEMAC accorde à cette question depuis 2006, année au cours de laquelle un vaste Programme de Réforme des Institutions de la Communauté (PRI) avait été lancé afin de donner une dynamique nouvelle à l'intégration régionale.

En dépit des réalisations majeures, je citerai (i) l'application du principe de la rotation intégrale aux postes de premiers dirigeants des institutions communautaires (ii) la transformation de la Cour de justice communautaire (iii) la fusion en cours des deux Marchés Boursiers de la zone CEMAC ; nous restons préoccupés par l'inefficience de ces réformes et l'acuité des problèmes liés à la gouvernance des institutions communautaires.

Par ailleurs, vous aurez noté le projet de rationalisation de la CEMAC et la CEEAC qui placera à terme, l'Afrique centrale dans une configuration à onze pays au lieu de six qui composent la CEMAC.

En effet, la mise en cohérence des programmes et plans sectoriels des deux communautés prédestine les synergies qui conduiraient indubitablement à revoir la structuration des institutions de la Communauté.

Pour souligner l'importance de cette question, le COPIL-CER, placé sous la haute présidence dédiée de Son Excellence le Président Paul BIYA pour la région de l'Afrique centrale, est à pied d'œuvre.

Inscrite dans la dynamique de l'Agenda de l'Union Africaine, cette réforme est désormais unanimement reconnue comme un instrument stratégique incontournable de l'émergence du Continent.

Il faut s'y préparer. Comme il faut également s'atteler, pour ne pas subir les évènements, à mobiliser les intelligences sur la question d'une monnaie unique dans la nouvelle configuration d'une Communauté à onze États en Afrique centrale.

Déjà, faut-il le rappeler, ici et là sur le continent, des zones monétaires sont en construction soulignant ainsi que l'adoption d'une monnaie commune est un accélérateur inclusif pour l'approfondissement de l'intégration, de la croissance et du développement économique.

C'est pourquoi et en écho avec les recommandations des Autorités de la Communauté, la Commission va procéder à l'évaluation du Programme des Réformes Institutionnelles (PRI) afin d'en apprécier la pertinence et suggérer les modalités d'une rationalisation des institutions et organes de la Communauté.

Monsieur le Président,

Mesdames, Messieurs,

Les Chefs d'État de la Communauté Économique et Monétaire de l'Afrique Centrale (CEMAC), réunis à l' occasion du Sommet tenu le 17 février 2017 à Djibloho en Guinée Équatoriale, ont chargé la République du Tchad de présider aux destinées de la Communauté, en lui confiant la Présidence de la Conférence des Chefs d'État.

Au titre du mandat du TCHAD, le Président Idriss DEBY ITNO a prescrit au Président de la Commission des actions qui lui paraissent prioritaires au rang desquelles :

La relocalisation effective de la Commission de la CEMAC dans son pays de Siège ;

La mise en œuvre effective de la libre circulation des personnes dans l'intégralité de l'espace communautaire et de la Politique Commune d'Émi-Immigration en zone CEMAC ;

Le suivi de la mise en œuvre et la poursuite diligente respectivement du Plan Opérationnel 2017-2021 du PER et du Programme des Réformes Économiques et Financières de la CEMAC (PREF-CEMAC) ;

La finalisation de l'exercice de relecture du PER ;

La mise en œuvre de l'Acte Additionnel relatif au recouvrement intégral de la TCI ;

L'installation des Juges de la Cour de Justice et de la Cour des Comptes Communautaires concomitamment avec le paiement des indemnités de départ des Juges sortants ;

La mise en application du nouveau Code Douanier révisé ;

La poursuite des travaux d'harmonisation des législations minières des États membres de la CEMAC dans l'optique d'aboutir à l'adoption d'un Code Minier Communautaire en zone CEMAC.

Cette feuille de route dont la plupart des actions sont en cours de mise en œuvre servira, vous vous en doutez, d'aiguillon de l'action du Gouvernement de la Commission.

Autre socle sur la base duquel l'action de la Commission reposera au cours des cinq prochaines années, ce sera l'accélération des réformes économiques dont la mise en œuvre requiert davantage la coordination plus marquée de la Commission.

Les affres de la décélération de la croissance économique dans la zone ont conduit les États de la CEMAC à adopter 21 mesures dans le cadre du PREF-CEMAC articulées autour de 5 piliers que sont (i) la Politique budgétaire ; (ii) la Politique monétaire et système financier; (iii) les Réformes structurelles ; (iv) l'Intégration régionale ; et (v) la Coopération internationale.

Au-delà de l'objectif de réduction des déficits budgétaires et de la consolidation des réserves de change, le PREF-CEMAC consacre les mesures de réformes structurelles visant à diversifier nos tissus économiques de manière à les rendre plus résilients et à même de créer davantage des emplois notamment au profit des jeunes.

Aussi, la Commission entend renforcer son rôle de coordination et de suivi des dites réformes, à travers notamment la consolidation de la surveillance multilatérale et de la convergence des politiques économiques.

Le PREF-CEMAC, sous la direction de Son Excellence, le Président SASSOU NGUESSO, vient de tenir sa quatrième réunion à Douala qui a relevé les premiers résultats encourageants de la mise en œuvre des programmes de réformes dans la zone CEMAC.

Monsieur le Président ; Honorables Députés ;

Aux difficultés du financement de la Communauté par la TCI, il ne fait aucun doute que le contexte sécuritaire dans la sous-région détermine l'accélération du processus de l'intégration régionale et la mise en œuvre en œuvre des projets du PER.

Vous convenez avec moi qu'il est légitime de s'inquiéter de la persistance des formes multiples d'insécurité aux frontières et à l'intérieur des pays de la sous-région.

Les derniers évènements, fort préoccupants, notamment le coup d'État manqué dans le pays où nous siégeons aujourd'hui, nous rappellent que la question de l'insécurité doit être entendue comme une priorité stratégique.

Après la mise en place effective de la libre circulation dans les six États, il convient de doter les points d'entrée dans les États, de dispositifs spécifiques propres à sécuriser les frontières intérieures et extérieures de la CEMAC.

Ce processus est engagé.

Convaincu que le règlement des conflits est une condition préalable à la réalisation d'une croissance durable et au recul de la pauvreté, les formes diverses d'insécurité dans notre sous-région doivent être éradiquées.

Mesdames et Messieurs,

Distingués Invités ;

Le budget de la Communauté pour l'exercice 2018 qui vous sera présenté très prochainement a été construit sous le sceau des enjeux et orientations susrappelés.

Il s'agira du dernier élaboré sous forme de budget de moyens.

En effet, pour donner plus de lisibilité à l'action des interventions communautaires, pour améliorer l'efficacité des dépenses et rendre plus optimale l'allocation des ressources, la Commission va initier dans le cadre des prochaines conférences budgétaires, le processus de mise en place d'un budget programme de la Communauté axé sur les résultats.

Monsieur le Président,

Honorables Députés,

Messieurs les Ministres,

Chers invités,

Mesdames, Messieurs,

Au-delà de toutes ces politiques et programmes que nous projetons de mettre en œuvre et aussi pertinents et utiles qu'ils soient, que valent toutes ces actions si à l'instar d'autres Communautés Économiques Régionales, celles-ci ne confèrent à nos concitoyens aucune gratification particulière d'appartenance à l'espace CEMAC.

Il s'agit en somme de construire et affirmer, dans notre espace, une nouvelle citoyenneté.

C'est cette nouvelle dimension que nous voulons contribuer à imprimer au sein de la Communauté par le moyen d'une identité CEMAC affirmée et rendue plus concrète par la libre circulation accélérée des populations.

L'esprit communautaire se concrétise également par le moyen d'une réelle intégration des opportunités économiques à l'échelle de la sous-région à travers le décroisement des marchés nationaux, et la création d'un secteur fort et diversifié de productions manufacturées compétitives.

Notre appartenance à la Communauté se matérialisera aussi par une meilleure représentation du Peuple au Parlement, laquelle devrait être consacrée par l'élection au suffrage universel des députés au Parlement.

Pour que nos actions soient porteuses et crédibles face à nos partenaires, il importe que nous soyons exigeants vis-à-vis de nous-mêmes, de nos obligations et de nos engagements.

Pour ma part, avec mon gouvernement et tous les autres Premiers Responsables de la Communauté, je formule le vœu ardent, que l'histoire retienne de l'engagement de mon équipe, sa détermination irréprochable dans l'accomplissement de sa mission au service des peuples d'Afrique Centrale.

Peuples que nous voulons solidaires, prospères, grâce à des économies compétitives, dans un environnement débarrassé des conflits et de l'insécurité, portés autant par une Commission, qu'un Parlement dynamiques.

Quant au rôle du Parlement, je vous annonce donc que votre voix et votre appui seront encore plus sollicités au cours des prochaines années, contribuant ainsi à relayer et amplifier la pertinence, l'impact et la visibilité de toutes nos actions et faisant de notre Parlement communautaire, un des outils de prédilection pour le développement social et économique de nos pays.

Monsieur le Président,

Avant de clore mon propos, permettez-moi de remercier l'équipe de cadres compétents qui m'a accompagné depuis ma prise de fonctions il y a quelques mois.

Certains, profitant de l'errance sont vautrés chez eux en attendant confortablement leur salaire à la fin du mois pendant que d'autres se dévouent à la tâche.

À ces derniers je dis merci en émettant le vœu que les premiers se joignent à nous pour relancer et construire ensemble l'intégration de nos pays.

Vive notre Parlement communautaire !

Vive la CEMAC !

Je vous remercie de votre aimable attention.

Structures éditoriales du groupe L'Harmattan

L'Harmattan Italie
Via degli Artisti, 15
10124 Torino
harmattan.italia@gmail.com

L'Harmattan Hongrie
Kossuth l. u. 14-16.
1053 Budapest
harmattan@harmattan.hu

L'Harmattan Sénégal
10 VDN en face Mermoz
BP 45034 Dakar-Fann
senharmattan@gmail.com

L'Harmattan Cameroun
TSINGA/FECAFOOT
BP 11486 Yaoundé
inkoukam@gmail.com

L'Harmattan Burkina Faso
Achille Somé – tengnule@hotmail.fr

L'Harmattan Guinée
Almamya, rue KA 028 OKB Agency
BP 3470 Conakry
harmattanguinee@yahoo.fr

L'Harmattan RDC
185, avenue Nyangwe
Commune de Lingwala – Kinshasa
matangilamusadila@yahoo.fr

L'Harmattan Congo
67, boulevard Denis-Sassou-N'Guesso
BP 2874 Brazzaville
harmattan.congo@yahoo.fr

L'Harmattan Mali
ACI 2000 - Immeuble Mgr Jean Marie Cisse
Bureau 10
BP 145 Bamako-Mali
mali@harmattan.fr

L'Harmattan Togo
Djidjole – Lomé
Maison Amela
face EPP BATOME
ddamela@aol.com

L'Harmattan Côte d'Ivoire
Résidence Karl – Cité des Arts
Abidjan-Cocody
03 BP 1588 Abidjan
espace_harmattan.ci@hotmail.fr

Nos librairies en France

Librairie internationale
16, rue des Écoles
75005 Paris
librairie.internationale@harmattan.fr
01 40 46 79 11
www.librairieharmattan.com

Librairie des savoirs
21, rue des Écoles
75005 Paris
librairie.sh@harmattan.fr
01 46 34 13 71
www.librairieharmattansh.com

Librairie Le Lucernaire
53, rue Notre-Dame-des-Champs
75006 Paris
librairie@lucernaire.fr
01 42 22 67 13

www.ingramcontent.com/pod-product-compliance
Lightning Source LLC
LaVergne TN
LVHW021222061026
849535LV00008B/2867
* 9 7 8 2 3 4 3 2 3 4 8 5 4 *